Schweiz

In jedem Tal ein anderer Zungenschlag – ein Land wie ein kleiner Kontinent

Liebe Leserin, lieber Leser,

von jeher zählt die Schweiz zu den beliebtesten Reisezielen, die Schweizer zu unseren beliebtesten Nachbarn.

Das liegt zum einen an der unglaublichen Vielfalt des Landes – in Natur und Kultur. Vier Sprachen und unzählige Dialekte machen die Schweiz schon linguistisch zum Abenteuer. Dabei wartet noch jedes Seitental mit einer Besonderheit auf, so dass man meint, das Land nie in seiner Komplexität erfassen zu können.

Diese Vielzahl der Mikrokosmen lässt auch das Bemühen, dieses Kaleidoskop an Möglichkeiten auf den in der Zahl beschränkten Seiten einer Zeitschrift festhalten zu wollen, fast aussichtslos erscheinen. (Die Schweiz sei kein Land, sondern ein kleiner Kontinent, äußerte einst ein deutscher Verleger.)

Dennoch glauben wir Deutschen, die Schweiz zu kennen. Ist doch das Deutsche (als alemannischer Dialekt) die vorherrschende Sprache der Confoederatio Helvetica, und viele der „typisch" schweizerischen Eigenschaften wirken auf uns wie eine Karrikatur unserer eigenen Nationaltugenden. Und die Bilder vom Schweiz-Urlaub haben sich bei uns zu archetypischen Klischees verfestigt. Doch wenn man sich unter die Oberfläche dieser Gesellschaft begibt, so stößt man auf ihre Widersprüche. Ein schräges historisches Selbstbild, die nur halbgar aufgearbeitete jüngere Geschichte inklusive, ein „lastendes Minderwertigkeitsgefühl" und ambivalente Empfindungen von „Bewunderung, Neid und Frustration" gegenüber den Deutschen (Jean-Martin Büttner im Zürcher *Tages-Anzeiger*) gehören dazu. Dem muss man nicht begegnen, wenn man sich beim Reisen auf die Hochgefühle im Hochgebirge beschränkt. Aber es ist interessant und spannend. Und es gehört zur Schweiz und den Schweizern – genau wie die Berge, die Löcher im Käse und das rote Offiziersmesser.

Viel Spaß beim Lesen.

Herzlich, Ihr

Andreas Hallaschka
MERIAN-Chefredakteur

TIEFE EINBLICKE gewann MERIAN-Autorin Andrea Walter im Gespräch mit dem Star-Architekten Mario Botta. Dabei ging es weniger um Baukunst, sondern um Bottas heimatliches Tessin Seite 68

DEUTLICHE ANSICHTEN über die Schweiz äußert der Zürcher Schriftsteller Hugo Loetscher. MERIAN hatte ihn und fünf Kollegen um eine Stellungnahme zum Zustand des Alpenlandes gebeten Seite 28

BEZAUBERNDEN KLÄNGEN durften sich MERIAN-Autor Emanuel Eckardt und Fotograf Christian Irrgang hingeben. In Verbier (Wallis) besuchten sie eines der schönsten Schweizer Festivals Seite 56

>>> Mehr MERIAN im Internet: www.merian.de

Schweiz

RUBRIKEN

>> Titelthemen

SEITE 36

FÜNF PERFEKTE URLAUBSTAGE

Nach einer Stippvisite von 120 Stunden wird klar, wo in der Schweiz man auf jeden Fall einen geruhsameren Urlaub machen möchte

MERIAN | Info >>SEITE 116

SEITE 14 **GRANDIOSE BERGWELT**

Die Region am Vierwaldstätter See (360°-Foto) ist die Urzelle der Schweiz

SEITE 106

ST. MORITZ

Im Winter wird der See zum Turf: Zum Galopprennen in St. Moritz kommt alljährlich im Februar der Jetset aus aller Welt ins Engadin

SEITE 50

KUNST IN BASEL

Giacometti bei Beyeler: Mit Galerien und Museen ist die Stadt am Rhein ein erstrangiges Ziel für Kunstliebhaber

SEITE 62

BOLLYWOOD AUF REISEN

Tatort Schweiz: Im Berner Oberland finden indische Kitschfilm-Produzenten die richtigen Einstellungen

SEITE 76

SCHWEIZER MACHER

Erfinder Andreas Reinhard mit seiner „Dinghy“, einem Schlauchboot ohne Schlauchelemente

um 1900

2001

Das ewige Eis des Aletschgletschers schmilzt dahin: Blick vom Eggishorn auf den Concordia-Platz, die Fiescherhörner und das Jungfraugebiet

GLETSCHER **Zeit**sprung

Auf den ersten Blick scheint der Unterschied gar nicht so drastisch zu sein. Doch vom Aletschgletscher, dem größten Gletscher der Alpen, schmilzt seit Jahrzehnten mehr Eis ab als sich nachbildet. Mehr als drei Kilometer an Länge hat das Eisfeld, das sich heute noch über 23 Kilometer erstreckt, während der letzten 150 Jahre verloren. Um 1850, gegen Ende der „Kleinen Eiszeit", hatte der Aletschgletscher sein Spitzenvolumen erreicht.

QUELLENFORSCHUNG *Wo kommt nur das Meer her?*

Als Ernesto Bertarelli mit der Yacht „Alinghi" den America's Cup gewann, staunte die Welt über den Sieg des Binnenländers. Dabei werden die europäischen Meere mit Wasser aus den Gebirgsquellen der Schweizer Alpen gespeist. 68 % strömen durch Rhein und Bodensee in die Nordsee, 17,9 % erreichen über Rhône, Genfer See und Saône das Mittelmeer. Aus den Tessiner Seen, durch Po und Etsch fließen 9,7 % des Wassers in die Adria, und der Inn (En) führt mithilfe der Donau immerhin noch 4,4 % dem Schwarzen Meer zu.

Februar 1964

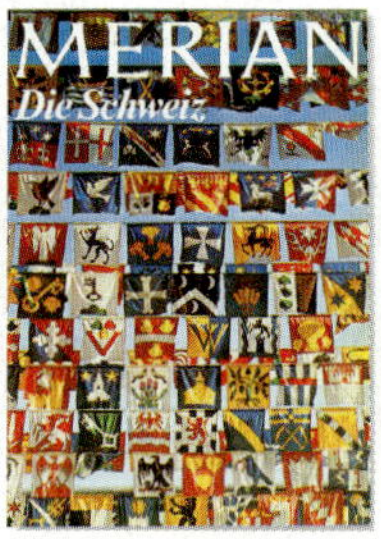

Januar 1975

April 1991

MERIAN **23x** Schweiz

Wie beliebt die Schweiz als Reiseziel ist, lässt sich am MERIAN-Programm gut ablesen: 23 Ausgaben erschienen seit 1956 (Basel) über Städte oder Regionen der Schweiz – zu viele, um sie hier alle abzubilden. Dies ist das dritte Heft über das ganze Land. Drei Hefte gab es allein zu Zürich und ebenso viele über das Tessin.

SCHWEIZER **Blätter**wald

Die Kioske in der Schweiz sind voll. Hier bekommt man die Presse aus Frankreich, Deutschland und Italien, aber auch bemerkenswerte hiesige Blätter: Mutter aller Zeitungen ist die **NZZ** (Neue Zürcher Zeitung), deren Blick auf Deutschland allein schon die Lektüre lohnt. Das **NZZ Folio** erscheint seit 1991 jeden Monat und ist immer einem Schwerpunktthema gewidmet. Ebenso wie das 50 Jahre ältere **Du**, das ein unvergleichlicher und unkonventioneller Kultur-Klassiker ist. **Das Magazin** ist die Samstagsbeilage vom Zürcher **Tages-Anzeiger** – eine lesenswerte Kombination. **Die Weltwoche** hat einen Wandel von der Zeitung zum Wochenmagazin hinter sich und dabei nur gewonnen. Seine Fans halten das Blatt für viel besser als den deutschen „Spiegel". Die Kulturzeitschrift **eigenART** erscheint nur vierteljährlich und wird als Blatt für Individualisten auch von solchen gemacht. Das gilt auch für **Rumor Varius**, der einzigen lateinischen Zeitschrift in der vielsprachigen Schweiz.

ECHT URIG!

Sportliche Viecherei

Sicher: Die Schweizer können toll segeln, toll Tennis spielen und selbst im Fußball sind sie gar nicht so schlecht. Aber unschlagbar sind die Helvetier in Sportarten, die nur sie selbst beherrschen. Wer immer die Gelegenheit hat, einen Wettkampf im Schwingen zu sehen, wo bäurische Urviecher aneinander geraten – er lasse sich die Gelegenheit nicht entgehen. Ebenso nicht die Kuhkämpfe im Wallis, wo die Bauern ihre Kühe in Arenen aufeinander loslassen.

Eigenartig: Ohne Torrero, nur sich selbst und den Instinkten überlassen, kämpfen die Eringer-Kühe im Wallis gegeneinander

Urtümlich: Schwingen (o.) und Hornussen

ZAHLENSPIEL

307 000 000
Franken geben Urlauber im Jahr für Süßwaren aus

28 300 000
Uhren werden jährlich in der Schweiz produziert

1 052 000
Ausländer arbeiten in der Schweiz

142 186
Tonnen Schokolade verkaufen Schweizer Fabrikanten im Jahr

35 100
Schweizer sprechen Rätoromanisch als Hauptsprache

18 524
Schweizer Frauen heißen Heidi

5240
Kilometer ist das Schweizer Schienennetz lang

2748
Postauto-Chauffeure transportieren mit 1945 Postautos jährlich 97 Millionen Passagiere

4633,9
Meter hoch ist der höchste Schweizer Gipfel, die Dufourspitze im Monte-Rosa-Massiv

701
Gletscher zählt die Schweiz

60
Viertausender gipfeln hier

2
Gäste aus Indonesien kamen 2002 zum Zelten ins Land

Test your Schwyzerdütsch!

1. Chlütteri
2. Chineese-Schotter
3. Vierkantrööschti
4. Wie häsch es? Bisch zwääg?
5. uf de Schnure hocke
6. Tscheggsch de Pögg?
7. Da gasch abe!
8. Bisch nöd ganz piip?
9. Es chuutet.
10. Häts der uf d Chappe gschnejt?

1. Heimwerker 2. Reis 3. Pommes frites 4. Wie geht's? 5. schweigen 6. Steigst du da durch? 7. Da staunst du aber! 8. Spinnst du? 9. Es stürmt. 10. Bist du enttäuscht?

EXPANSION

Schweizen **in aller Welt**

„Die Schweizen werden immer kleiner", stellte schon Theodor Fontane fest. Und hatte recht damit: In Namibia etwa ist es ein steiniger Hügel und in Griechenland, am Berg Athos, eine Weide. Meist sind es besonders schöne Landschaften, die diesen Namen tragen. 191 Schweizen in aller Welt sind bisher bekannt. Deutschland hat allein 67. Eine schweizerische Auswahl:

Deutschland:
Fränkische Schweiz (Ebermannstadt)
Holsteinische Schweiz (Malente)
Mecklenburgische Schweiz (Teterow)
Sächsische Schweiz (Bad Schandau, Elbsandsteingebirge)
Westfälische Schweiz (Ruhr)

Andere Länder, andere Schweizen:
Dänische Schweiz (am Öresund, Dänemark)
Masurische Schweiz (Spirdingsee, Ostpreußen, Polen)
Spanische Schweiz (Costa Blanca, Spanien)
Mittelamerikanische Schweiz (Bergland in Costa Rica)
Switzerland of the Orient (Dali, Erhal Lake, China)
Japanische Schweiz (Biwa See, Kyoto/Osaka/Nagoya, Japan)
Heart of South Pacific Switzerland (Queenstown, Neuseeland. Übrigens die Schweiz, die mit 18 536 Kilometern am weitesten von Bern entfernt ist!)
Panamesische Schweiz (Vulkan Chirlqui, Panama)
Schweiz des Ostens (Svattal, Nordpakistan, Pakistan)
Grönländische Schweiz (Fjordregion, Grönland)
Schweiz Schwarzafrikas (Abidjan, Elfenbeinküste)
Schwarzwald-Schweiz (Caracas, Venezuela)

SCHWEIZ | TOP

UNBEDINGT SOLLTEN SIE ...

>> ... ins Hochgebirge aufbrechen (z.B. von Zermatt zum Matterhorn oder von Grindelwald aufs Jungfraujoch).

>> ... eine Flasche Rivella der Geschmacksrichtung „Grüner Tee" kaufen. Der Redakteur dieses MERIAN-Heftes ist seither süchtig danach.

>> ... in verschiedenen Städten die Schokoladenspezialitäten probieren. St. Gallen rühmt sich, die beste zu haben.

>> ... mit einer Seilbahn, der Rhätischen Bahn, einem Postbus über einen Pass und mit einem Schiff über einen der Seen fahren – die schönsten Arten, das Land zu erkunden.

SCHWEIZ | FLOP

AUF KEINEN FALL SOLLTEN SIE ...

>> ... mit Schweizern eine Diskussion über die Armee anfangen („wofür ist die eigentlich da?") – eine heilige Kuh und ein sehr sensibles Thema.

>> ... über die teuren Preise sprechen. Schweizer würden sie doch nur bestreiten.

>> ... am Schweizer Bodensee-Ufer entlangfahren. Es ist zugebaut und verschandelt.

>> ... das Geschwindigkeitslimit überschreiten. Auch wenn in der Schweiz mehr Ferraris pro Kopf zugelassen sind als sonstwo auf der Welt – die Strafen sind hoch, und es wird oft kontrolliert.

Dieser Bohrkopf trieb die Tunnelröhren voran

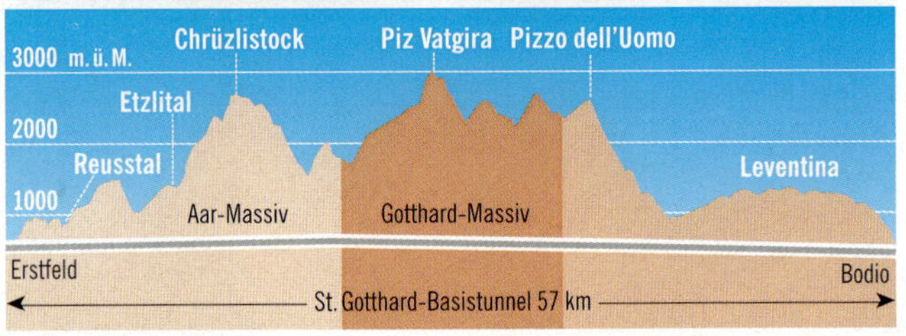

GOTTHARD-BASISTUNNEL

Das **längste Loch** der Welt

Die Schweiz ist durchtunnelt und durchlöchert wie ein Emmentaler Käse: Stollen, Autobahntunnels, Militärbunker, Zivilschutzräume. Insgesamt 2500 Kilometer Wege gibt es in den Schweizer Bergen – das entspricht der Strecke von Frankfurt nach Lissabon. Da sollte man meinen, dass die 57 zusätzlichen Kilometer, die 2014 eingeweiht werden sollen, gar nicht von Belang sind. Doch der neue Basistunnel unter dem St. Gotthard-Massiv ist ein Bauwerk von pyramidalen Ausmaßen, die längste Verkehrsröhre der Welt, länger selbst als der Kanaltunnel. Der Riesenschlund beginnt im Kanton Uri und endet im Kanton Tessin – zwei parallele Röhren durch das Herz der Alpen. Mit mehr als 200 km/h sollen hier Schnellzüge durchjagen und die Schweiz quasi zum Mittelmeer-Anrainer machen. Dann wird der Weg von Zürich nach Mailand nur noch eineinhalb Stunden dauern, heute braucht man noch drei Stunden und 40 Minuten.

FOLKLORE

Spät**zünder**

Silvester ist am 13. Januar. Klar. Jedenfalls in Urnäsch. Die Bevölkerung des nordschweizerischen Dorfes war schon reformiert, als der Papst 1582 die Kalenderreform durchsetzte, wollte sich dem Dekret nicht beugen und hielt am Julianischen Kalender fest. Heute ist das Kuriosum eine exotische Attraktion für Touristen aus aller Welt. Männer in schratigen Frauenkostümen, die „Chläuse", sind dabei die Hauptfiguren.

MARKETING

Swissness

Kein anderes Staatswappen wird so häufig als Markenzeichen verwendet wie das Schweizerkreuz. Angefangen bei der Messerfirma „Victorinox" über die Freizeitkleidung des Zürcher Trendlabels „Alprausch" (gibt es auch in Deutschland) bis hin zur „Army Recycling Collection" – aus alten Militärdecken gefertigte Handtaschen der Karlen-Sattlerei (Tel. 0041-27-952 11 13). Das weiße Kreuz auf rotem Grund sorgt für gute Umsätze, weil ihm nationalistischer Beigeschmack fehlt. Guter Shop im Internet: www.schweizerkreuz.com

Kult: Jeden Tag stellt „Victorinox" 43 000 Armee-Messer her – in über 100 Ausführungen

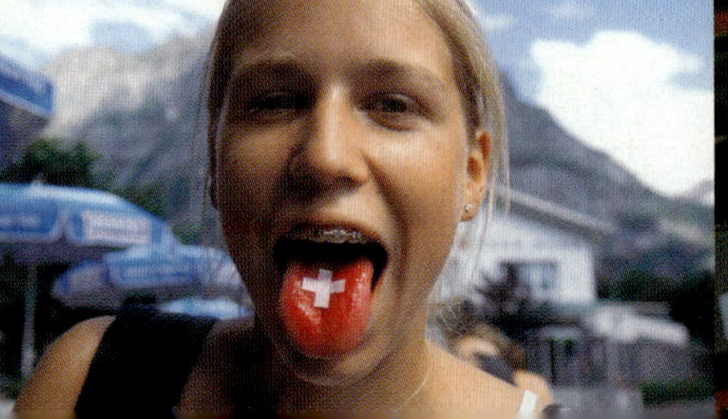

London
99,– €
Brüssel, Paris, Mailand, Rom
149,– €
Barcelona, Nizza, Madrid, Prag
199,– €
Die günstigste Gelegenheit, gemeinsam mal was Neues zu entdecken.
Europa ist jetzt das ganze Jahr günstig. Einfach frühzeitig online buchen unter www.lufthansa.com oder über eines der Online-Buchungsportale der teilnehmenden Reisebüros. Die Preise gelten von allen deutschen Abflughäfen inklusive Rückflug, Steuern und Gebühren (London nur auf Direktstrecken, keine Vorausbuchungsfrist). Bitte beachten Sie das begrenzte Sitzplatzkontingent. Für 10,– € mehr erhalten Sie diese Angebote auch in jedem anderen Reisebüro oder bei Lufthansa unter 0180 5-199 299 (0,12 €/Min.).
tatus- und Prämienmeilen
nklusive. Mit Miles & More.
There's no better way to fly.
Lufthansa
A STAR ALLIANCE MEMBER

Über die Berge und in die Täler

Bilderbogen aus einem kleinen Land mit großen Landschaften zwischen Palmen und ewigem Eis

Abgeschieden, doch erschlossen: das von steilen Kalkfelswänden gesäumte Lauterbrunnental in der Jungfrauregion, Berner Oberland

Foto: Günter Gräfenhain

Foto: Giuseppe Carfagna

Der Bernina-Express auf dem Kehrviadukt von Brusio im südlichen Puschlav. Vor den Reisenden liegt das Erlebnis der Fahrt über den 2330 Meter hohen Bernina-Pass

Reiselust im **Kreisverkehr** und die komfortabelste Art der Alpenüberquerung. Ohne ihre Bergbahnen würde die Schweiz nicht funktionieren

Bei Herisau im Appenzellerland. Auf den Almen unterhalb des Säntis produzieren die Kühe Milch und die Senner einen guten Käse

Im Laufschritt der **Saison** entgegen.
Der Almauftrieb im Frühjahr ist ein Festereignis in den Bergdörfern. Da holt man gern die Tracht hervor

Baupflege schweizerisch solide: Fachwerk und Erker wie hier am Gallusplatz bestimmen das Bild der Altstadt von St. Gallen

Foto: Thomas Ulrich

Die Hütte als Ziel: Bergsteiger Stephan Siegrist und Bergführerin Andrea Gasser auf dem Mittellegi-Grat des Eigers

Der schöne **Traum** von der intakten Schweiz. In der Weltferne eines Weilers hoch in den Berner Alpen wird er Wirklichkeit

Foto: Jodi Cobb

Wolkenfelder unter dem **Dach Europas.** Der Eiger, ein Mythos in der Geschichte des Alpinismus, wurde 1858 erstmals bezwungen. Er brachte strahlende und tragische Helden hervor

Eine **Steilwand** von Menschenhand im Umfeld hochalpiner Natur. Nicht schrundig, sondern glatt – und ein Hort der schönen Künste

Ästhetischer Monolith: Das 2000 eröffnete Kunstmuseum Liechtenstein mit Werken von Turner und Kokoschka bis hin zu Arp, Beuys und Dalí

Pool und Palmen am Lago Maggiore. Die Gäste des Eden Roc in Ascona genießen die Milde des Tessiner Südens

Götterdämmerung über dem Matterhorn? Als im Hitzesommer 2003 ein Stück von dem nationalen Wahrzeichen abplatzte, wurde im Land gerätselt, ob dies ein Menetekel sei

Ansichten über ein Land mit verlorener Unschuld

Die MERIAN*-Redaktion bat* ***sechs Schweizer Schriftsteller*** *um ihre Meinung zur Schweiz und den Schweizern. Fünf hielten sich an die vorgegebene Fragebogen-Form, einer antwortete mit einem Essay, das einer Abrechnung gleichkommt*

Ein Essay von Hugo Loetscher

Alles ist gesagt. Die Frage bleibt nur: wozu? In der Tat, es gibt kein Klischee und kein Tabu, das nicht angegangen worden wäre. So kann man bei einem Schweizer Autor lesen, dass sich kein Haus mehr findet, das noch eingerissen werden könnte; aber das Schweizer Haus steht nach wie vor, flaggenbewehrt.

Die Klischees sind wohl bekannt: ein friedliches Land, ohne ernste soziale und wirtschaftliche Probleme, politische Stabilität, Garant der Sicherheit, ein Ort der Freiheit und Ordnung, wenn nicht gar Symbol dafür.

Aber es sind schwierige Zeiten für Symbole. Als im Sommer 2003 am Matterhorn eine Felswand abbrach, bröckelte ein Wahrzeichen. War das eine Naturkatastrophe? Ein Menetekel? Oder ein Finanztipp, das Matterhorn den Japanern zu verkaufen, bevor es ganz einstürzt.

Nun hatte sich in den letzten Jahren und in den letzten Jahrzehnten einiges getan, das sich nicht ins Bild einer hehren Schweiz fügte.

Als von jüdischen Organisationen aus den USA an schweizerische Banken Rechnung für Wiedergutmachung gestellt wurde, wurde der Holocaust zu einem helvetischen Thema. Man konnte von schweizerischen und ausländischen Kommentatoren hören, die Schweiz habe ihre Unschuld verloren: Aus einem Musterschüler sei ein Prügelknabe geworden.

Eine erstaunliche Bemerkung; denn dieses Land hatte die Unschuld schon längst nicht mehr besessen.

Wie fragwürdig (und unmenschlich) die Flüchtlingspolitik der Schweiz während des Zweiten Weltkrieges sein konnte, war keine neue Erkenntnis. Neu war das Zahlenmaterial, zum Beispiel die Zahl jener, die nach Nazideutschland zurückgeschickt wurden. Neu war, dass dieses Schuldkapitel zum Thema einer breiten Öffentlichkeit wurde, und das nicht zuletzt deswegen, weil es nicht bloß um Moral ging, sondern auch um Milliarden.

Die Schweiz ist für mich die Heimat. Also das Land, dessen Sprache ich spreche und dessen Ärzten und Zahnärzten ich vertraue. ***Schweizer sind*** verschieden. ***Was mir bei uns in der Schweiz manchmal fehlt,*** habe ich in Spanien und Guatemala gefunden. ***Mein Lieblingsort in der Schweiz*** ist die Stadt Zürich. ***Martin Suter, 1948 in Zürich geboren, war Werbetexter und veröffentlichte erst 1997 seinen Debütroman „Small World“***

So unbekannt war diese Flüchtlingspolitik nicht, da schon bald nach dem Zweiten Weltkrieg einsetzte, was man als Demystifikationsprozess bezeichnen kann. „Malaise“ war in der Nachkriegszeit das prägende Stichwort eines kritischen Selbstbewusstseins: das „Unbehagen“ eines vom Krieg verschonten Landes.

Punkt für Punkt wurden die Mythen angegangen, wie sie im Dienste der so genannten „geistigen Landesverteidigung“ propagiert worden waren, als Propaganda verständlich im Abwehrkampf gegen den Nationalsozialismus, eine Idealisierung, an der aber auch nach Kriegsende festgehalten wurde, mit der man in den Kalten Krieg zog und die bald zur Ideologie einer Fiktion wurde, die kaum mehr den tatsächlichen Verhältnissen gerecht wurde. Im Selbstverständnis behielt das Alpine eine Rolle, die ihm in einem Land, wo zwei Drittel in städtischen Verhältnissen leben, nicht mehr entspricht. Eine Bevölkerungsstruktur,

Die Schweiz wird für mich immer mehr zum Sommerparadies. Je länger ich nicht mehr in der Schweiz lebe, desto besser gefällt sie mir: alles so schön hier! Unglaublich gediegen und gut durchdacht, die Tramwagen sind mit Zeitschriftenständern ausgerüstet, in Postbüros stehen erstaunlich bequeme Designerstühle, und überall gibt es prächtige Laugenbrötchen zu kaufen. Nur – warum sind alle so schlecht gelaunt? ***Schweizer sind*** aufreizend gut gekleidet, immer nervös darauf bedacht, die richtigen Schuhe zu tragen, die richtigen Menschen zu kennen, am richtigen Tresen zu stehen und das richtige Getränk in der Hand zu halten... – oder habe ich wieder einmal Zürich mit der Schweiz verwechselt? Das soll man nicht. Schweizer sind loyal. Gute Freunde. Es dauert zehn bis fünfzehn Jahre, bis man hier Freunde hat, sagte mein Vater (ein Deutscher) immer, aber dafür bleiben sie dir dann auch bis ans Lebensende. Ich kann nur hoffen, dass das auch stimmt... ***Was mir bei uns in der Schweiz manchmal fehlt,*** ist eine gewisse innere Großzügigkeit. Die anderen leben lassen, ihr Ding durchziehen lassen, statt immer zu mäkeln: Nun schau dir mal den an, was macht der jetzt, was glaubt der denn, wer er ist? Und auch: das Meer. ***Mein Lieblingsort in der Schweiz*** ist der Garten meiner Freundin K. Genauer, an ihrem Gartentisch. ***Milena Moser wurde 1963 in Zürich geboren und lebt in San Francisco, wo auch ihr zuletzt erschienene hintersinnige Roman „Sofa, Yoga, Mord“ angesiedelt ist***

die sich auch darin spiegelt, dass eine urbane Gesellschaft sich immer mehr von der traditionell-agrarischen absetzt, ein Phänomen, das nicht nur in der Schweiz festzustellen ist.

Auch die humanitäre Schweiz war bei diesem Demystifikationsprozess befragt worden. Der Judenstempel im Pass der jüdischen Flüchtlinge wie der Slogan „Das Boot ist voll" sind ebenso helvetische Fakten wie die unbestrittene Hilfsbereitschaft. Eine geschichtliche Erinnerung, die mit der Asylantenpolitik erneut Aktualität erlangte, eine Mahnung zugleich, es nie wieder so weit kommen zu lassen.

Was als Revision der jüngsten Geschichte angegangen worden war, weitete sich zu einer Revision der allgemeinen Geschichte aus. Bezeichnend, dass nicht mehr irgendwelche Persönlichkeiten die Epochen bestimmten, sondern dass man von „Schweiz und Schweizern", von einem geschichtsprägenden Kollektiv, sprach. Die jungen Historiker entheroisierten und demokratisierten die Historie. Man gewann ein Bild, in dem interner Kolonialismus, Bauernkriege, Armut, soziale Auseinandersetzung und Arbeiterbewegung selbstverständliche Kapitel abgaben.

Wer zudem Literatur als Spiegel von Mentalitäten las, hatte mit der Literatur der sechziger und siebziger Jahre längst ein Bild der Schweiz gewonnen, das wenig zu tun hatte mit einem harmlos braven Land. Was allerdings an der Tatsache nichts änderte, dass „Heidi" der bedeutendste internationale Bestseller blieb, der nicht ahnen liess, dass in diesem Land, etwas tiefer als die Alpen, das Güllen der Alten Dame liegt, wo eine Gemeinschaft gegen entsprechende Entlöhnung für einen Mord bereit ist.

Aber nicht nur Vergangenheit war Anlass, um lieb gewonnene Vorstellungen zu korrigieren wie die einer tugendhaften Demokratie. Als das Land 1991 daran ging, 700 Jahre Demokratie zu feiern, kam heraus, dass die Bundespolizei seit dem Zweiten Weltkrieg eine Subversiven-Kartei führte. Eine Erkenntnis, die darin resultierte, dass die am meisten betroffenen Gruppen, vorab Schriftsteller und Intellektuelle, die Jubiläumsfeiern boykottierten. Der Skandal entbehrte nicht einer gewissen Komik, wenn man erfuhr, mit welch hartnäckiger Naivität und grotesker Großzügigkeit Einträge vorgenommen worden waren.

Die Demystifikation war bis zu dem Grad Notwendigkeit und Bedürfnis geworden, dass sie sich zum modischen Gestus verführen ließ. Neben der ernsthaften Kritik war ein negatives Jodeln zu hören, dem zu urteilen mehr gefiel als zu analysieren. Statt dass der „Sonderfall Schweiz" als falscher Mythos demontiert wurde, wurde er mit umgekehrten Zeichen fortgeführt. Dem Klischee einer heilen Schweiz wurde das Klischee einer unheilen entgegengestellt: Wenn wir schon nicht die Besten sind, wollen wir wenigstens die Miesesten sein. Am subversivsten ist in diesem Land noch immer die Behauptung, dass wir, was unsere guten und schlechten Eigenschaften angeht, internationalen Durchschnitt halten. In dem Sinne könnten die Korruptionsfälle, die Abzockerei in der Großwirtschaft, der politische und wirtschaftliche Filz, den wir in letzter Zeit bis zum Überdruss zur Kenntnis zu nehmen hatten, durchaus als Anpassung ans internationale Niveau verstanden werden, als eigene Form von Kompatibilität.

Nein, von Unschuld konnte da schon lange nicht mehr gesprochen werden. Oder sollte es für ein Land, das den Sonderfall liebt, eine Sonderform geben: die Unschuld wohl dosiert und Rate um Rate verlieren, um den Verlust erträglicher (oder gar reparierbar) zu machen?

Die Unschuld selber wurde zur Ideologie. Soweit man an sie glaubte und an ihr festhielt, war dies nur möglich, indem man von dem absah, was das Image belasten konnte. Mit viel Geschäftssinn für den pragmatischen Moment wich man Grundsatzfragen aus. Im letzten Wahlkampf vermied man tunlichst ein so aktuelles Thema wie die Europapolitik, man überliess diese Aktualität den Europagegnern. In solcher Zurückhaltung (oder Verdrängung)

Die Schweiz ist für mich ein gesegneter Flecken Erde im Herzen Europas. ***Schweizer sind*** die europäischsten aller Europäer. Seit dem Mittelalter ist hier ein friedliches Miteinander deutscher und romanischer Kulturen selbstverständlich. Drei der wichtigsten europäischen Sprachen sind offizielle Landessprachen, und unsere Kinder besuchen seit Jahrhunderten die Universitäten von Mailand, Berlin, Paris oder Wien. Dieses kauzige Sonderfall-Getue, mit dem sich die Schweiz in jüngster Zeit unbeliebt macht, ist nicht wirklich charakteristisch. Das ist wenige Jahrzehnte alt und hat seinen Ursprung in der so genannten „Geistigen Landesverteidigung" gegen Nazideutschland, aus der die offizielle Schweiz leider noch nicht herausgefunden hat. Aber das wird sich geben, hoffentlich bald. ***Was mir bei uns in der Schweiz manchmal fehlt,*** ist Mut zum Risiko, Freude an fremdem Glück, Gelassenheit und Toleranz. In vielen Landesgegenden stimmt leider, was Bertold Brecht von den Schweizern gesagt hat: „Ihr Stolz ist so hoch wie die Berge, ihr Geist so eng wie die Täler." ***Mein Lieblingsort in der Schweiz*** ist die Bergspitze La Dôle im Waadtländer Jura, von der aus man einen prächtigen Ausblick hat auf den Genfer See, der sich in weitem Bogen tief unter einem ausbreitet mit Genf und seinem Springbrunnen am einen Ende, dann Lausanne und Montreux und Vevey und die zugehörigen Weinberge, bis tief ins Wallis hinein. Und jenseits des Sees thront majestätisch das Mont-Blanc-Massiv. Wer übrigens damit noch nicht genug hat, mag auf dem Absatz seines Wanderschuhs kehrt machen und weit hinaus sehen in die endlose Hügellandschaft Frankreichs und sich vorstellen, dass es so immer weiter geht bis zum Atlantischen Ozean. ***Alex Capus wurde 1961 geboren und war Redakteur bei Tageszeitungen. Zuletzt erschien sein Roman „Glaubst du, dass es Liebe war?"***

äußerte sich nicht nur Risikoscheu, sondern jene Kompromissbereitschaft, bei der der Kompromiss sich nicht als Resultat einstellt, sondern schon Ausgangspunkt ist.

Zum anderen ergibt sich gerade aus solchem Absehen und Verdrängen eine intellektuelle Verpflichtung, aufzuzeigen, dass das, was das Land lebte, und die Ideen, die es von sich hat, sich nicht decken. Sei es nur, dass man finanziell und wirtschaftlich sich weltweit engagierte, aber gleichzeitig fein säuberlich das, was die Welt angeht, ihr überlässt.

Man lebte, für Buchhaltung und Geist, eine geruhsame Schizophrenie. Ist es ein Zufall, dass das Wort in Zürich, Stadt der Banken und Versicherungen, erfunden wurde?

Doch dann gab es immer wieder aus der Geruhsamkeit und der neu erworbenen Unschuld ein böses Erwachen: Mit Verwunderung nahm man 1980 von Jugendunruhen in Zürich Kenntnis. Erschrocken war man nicht darüber, dass Jugend rebellierte; dass es hier geschah, war alarmierend. Bestürzt fragte die *New York Times:* Wenn auch in Zürich nicht mehr Ruhe und Ordnung herrschen, wo denn sonst.

Welch Erstaunen auch, als die Swissair den schweizerischen Wortschatz mit dem Ausdruck „grounding" bereicherte. Einer Bezeichnung dafür, dass eine Fluggesellschaft buchstäblich und finanziell am Boden lag. Swissair, das war nicht nur ein Unternehmen gewesen, sondern ein Symbol für Tüchtigkeit und Zuverlässigkeit: Es erlosch das Schweizerkreuz am Himmel.

Im selben Jahr kam es zu einem spektakulären Unfall im Gotthardtunnel. Dieser Verkehrskatastrophe war eine in einem österreichischen Tunnel vorangegangen und eine im Montblanc. Tunnel – Unfälle in Österreich und Frankreich schienen durchaus ins Weltbild zu passen. Aber ein Unfall in der Schweiz von diesem Ausmaß, das war Infragestellung von Sicherheit überhaupt.

Als ob dem nicht genug wäre – da drang ein Mann in ein Kantonsparlament ein und schoss um sich. Der Protest eines Amokläufers gegen die etablierte Politik: 14 Tote und ein Täter, der sich selber richtete.

Konnte man nach solchen Affären in die Unschuld zurückkehren? Ganz ohne Konsequenzen waren Revision und Debatten nicht geblieben.

Das Referendum über eine „Schweiz ohne Armee" wurde zur Sensation. Selbst die Befürworter hätten nie erwartet, dass gut ein Drittel dieser Forderung zustimmte. Armee oder Militärdienst war eine der allerheiligsten Kühe, ein Tabu, schon eine Diskussion über Sinn und Notwendigkeit einer Armee galt als Landesverrat. Umso ernüchternder ein solcher Urnen-Entscheid in einem Land, das auf seine Milizarmee stolz war: Jeder Wehrfähige hat zuhause ein Sturmgewehr, bereit für die Verteidigung.

Begriffe, die sakrosankt waren, traten in den Hintergrund wie der der Neutralität. Die ablehnende Haltung gegenüber einem Beitritt zur UNO und gegenüber der EU berief sich auf die Neutralität. Nach dem Zusammenbruch der Sowjetunion wurde die politische Begründung einer Neutralitätspolitik erst recht obsolet oder mindestens diskutabel: Neutral gegenüber wem und was? Internationale Verantwortung im Zeichen der Solidarität erlangte unausweichlich Aktualität. Nicht dass man sich solchen Verpflichtungen verweigert hätte, aber man wollte einen Sonderstatus beibehalten.

Als eines der allerletzten Länder der Welt wurde die Schweiz Mitglied der UNO; sie konnte sich rühmen, dass sie das einzige Land war, dessen Mitgliedschaft nicht auf dem Entscheid einer Regierung beruht, sondern auf einer Volksabstimmung. Doch die Neutralität bewies Hartnäckigkeit. Sie gibt der populistischen Volkspartei (SVP), die sich zunehmenden Zuspruchs erfreut, ein Argument ab, der EU nicht beizutreten, obgleich die attraktivere Begründung mit den Milliarden operiert, die uns ein Beitritt zur Europäischen Union kos-

Die Schweiz ist für mich ein Lernziel. Es lag von Anbeginn in der Kompetenz meiner Mutter. Vater musste passen, er war nur in der Schweiz geboren und in der Schweiz aufgewachsen und hatte von Klein auf nur Schweizerdeutsch gesprochen. Aber nichts schaffte aus der Welt, dass Großvater Peter Österreicher war und Nonna Marianna Italienerin. Es sei kein Grund, sich zu schämen, sagte mir Mutter, es sei ein Grund, sich zu misstrauen: „Frage dich bei allem, was du tust, ob es zur Schweiz passt". Ich frage mich. ***Schweizer sind*** für mich die anderen. Ich bin der Sonderfall. Es wird ständig und überall davon gesprochen, allerdings ganz anders, da darf kein Missverständnis aufkommen: Nicht ich bin gemeint mit dem berühmten Sonderfall Schweiz, sondern die anderen. ***Was mir bei uns in der Schweiz manchmal fehlt,*** ist das Heimweh nach Zukunft. Es fehlt nicht an Berechnungen, was uns verloren zu gehen droht. Die EU weiß noch nicht einmal, was direkte Demokratie heißt, aber prompt verlangt sie Beiträge. Von uns! Aber für wen? Könnte es sich am Ende lohnen? In der Vergangenheit haben wir von selbst gewonnen. ***Mein Lieblingsort in der Schweiz*** ist der International Airport Belp-Bern: Im Winter nebelt die Aare die Piste ein, aber zu Gletscherflügen startet man im Sommer. Der Flughafen ist so winzig, dass ich jedes Mal den Eindruck habe, er spiele lediglich Flughafen, um den Bundesrat zu trösten: Wenn Zürich-Kloten wankt – Belp-Bern steht. Es wirkt geradezu belustigend, dass überhaupt Tickets zerrissen werden, der Lautsprecher an der Decke spricht ölig von „gate number one", an das sich „all passengers, please" zu begeben haben. Es gibt kein gate two. Und doch hebt tatsächlichlich ein Flugzeug ab und bringt mich wirklich nach Berlin. Um wenig zu sagen. Denn Belp ist mein Schlupfloch zur Welt. ***Maja Beutler stammt aus Bern und ist eine der wenigen Dramatikerinnen der deutschsprachigen Schweiz. Stark sind auch ihre Prosatexte, häufig fürs Radio entstanden.***

Erst einen Regenmantel gekauft.
Dann eine warme Fellmütze.
Dann neue Winterreifen.
Und dann einen neuen Bikini.
Jetzt mit den gesammelten
Membership Rewards Punkten die Sonne genießen.
AMERICAN EXPRESS
3750
00000
84

ten könnte. Es erwies sich auch, dass Neutralität auch sonst erneut Bedeutung erlangte. Die jüngste Befragung der Rekruten, von repräsentativem Durchschnitt für die männliche Jugend, zeigte, dass man sich nicht ungern zu einer Neutralitätspolitik bekannte, dies nicht zuletzt angesichts von Afghanistan und Irak und eines internationalen Terrors, gegen den man sich am besten durch Abschottung zu schützen hofft.

Nun ist für die Verteidiger des Status quo jegliche Infragestellung bereits ein Sakrileg wie alles, was bei Errungenem anklopft oder gar daran rüttelt.

Die Schweiz kannte eine Tradition des politischen Kabaretts, das in der Zeit der Totalitarismen Bedeutung hatte, das aber immer mehr in die seichte Unterhaltung abglitt. Als neue Nummer wird „Helvetia auf der Suche nach der verlorenen Unschuld" geboten, aber nicht mehr auf der Kleinbühne, sondern auf dem Parkett der Politik, ein Prachtstück dank des Prachtweibs Helvetia, das gegen alles von außen mit Schild und Speer gewappnet ist.

Als an der Weltausstellung 1992 in Sevilla ein Künstler den Satz anbrachte „La Suisse n' existe pas" war dies Anlass für gutbürgerliche Empörung. Als in Frankreich zu hören war „la femme n' existe pas", protestierte kein Parlamentarier gegen die Behauptung, es gebe die Frau nicht, mit dem Hinweis, er habe eine zu Hause.

Eine Schweiz, die es noch nicht gibt, ist eben eine, die es noch zu realisieren gilt. Könnte sich die verlorene Unschuld nicht als Chance erweisen, um zeitgemäß mannbar und fraubar zu werden? Warum sollte es daher nicht tunlich sein, statt tout court von Demokratie von einer Geschichte der Demokratie zu sprechen?

Für die Frauen begann die Demokratie vor gut 30 Jahren. Damals, als sie gesamtschweizerisch das Wahlrecht erhielten. Die Schweiz hatte noch Probleme gehabt, die Konventionen des Europarates wegen des nicht existierenden Stimmrechts der Frauen zu unterzeichnen.

Eine sozialbewusste Schweiz gibt es erst seit Ende der vierziger Jahre des letzten Jahrhunderts; damals wurde die obligatorische Versicherung für Witwen, Hinterbliebene und Rentner geschaffen. Und um weiter zurückzublicken: ein allgemeines Wahlrecht wurde erst garantiert mit der Schaffung des Bundesstaates im 19. Jahrhundert.

Für die Juden begann die Demokratie Ende des 19. Jahrhunderts; sie bekamen Gleichberechtigung, nicht aber ohne den Druck Frankreichs.

Das heißt nicht, dass zum jeweiligen Zeitpunkt keine Demokratie geherrscht hätte, sondern nur, dass diese Demokratie unvollständig war und somit zu revidieren.

Redet man von einer Geschichte der Demokratie statt einfach von Demokratie, lässt sich das, was sich augenblicklich abspielt, als ein weiteres Kapitel in einem historischen Prozess verstehen. Daher muss diese Revision und Infragestellung nicht gleich als Katastrophe oder vaterländischer Untergang gewertet werden. Im Gegenteil, es werden die Prämissen für das nächste Kapitel der Demokratiegeschichte ausgehandelt. Die Unfertigkeit der Demokratie ist nur dann ein Versagen, wenn man die Einsicht verhindert und nicht daran geht, die Lage zu überdenken. Denn auch für die Schweiz gilt: Demokratie gibt es nur als ständige Neudefinition. Das Nicht-Realisierte heißt auch Zukunft, was ein anderes Wort für Jugend ist – für eine Jugend, die das Recht hat, die Unschuld erneut und auf ihre Weise zu verlieren. □

Hugo Loetscher, *1929 in Zürich geboren, war Redakteur der Zeitschrift* Du *und der* Weltwoche *und ist seit 1969 freier Schriftsteller und Publizist. Gesammelte Glossen zum Thema Schweiz in „Der Waschküchenschlüssel oder Was – wenn Gott Schweizer wäre" (Diogenes, 1998).*

Die Schweiz bedeckt weniger als ein Zehntausendstel der Erdoberfläche und beherbergt weniger als ein Tausendstel der Erdbevölkerung und glaubt doch (wie viele andere Länder), das Zentrum des Universums zu sein. ***Schweizer sind*** sachlich, realistisch, modern, sie reisen um die ganze Welt und wissen alles Mögliche über alle möglichen Länder. Sie sind stolz auf die Schweiz und doch immer unzufrieden mit ihr. Sie sind weltoffen und schaffen es doch meist, etwas besser davonzukommen als der Rest der Welt. Dafür spenden sie fleißig für die armen Länder, in denen ihre Kleider genäht und ihre Computer zusammengebaut werden. Sie arbeiten hart und mit großem Einsatz. Sie wollen im Ausland nicht als Schweizer erkannt, und doch auf keinen Fall für etwas anderes gehalten werden. ***Was mir in der Schweiz manchmal fehlt,*** ist die Gelassenheit. Die Schweizer und Schweizerinnen ahmen alles mögliche nach, tanzen Salsa und Flamenco, spielen Football und Boule so perfekt wie keine Brasilianerin, kein Amerikaner, keine Spanierin. Und bleiben dabei doch immer Schweizer. Die alles ganz richtig machen wollen und vermutlich sogar richtig machen, so richtig, dass es wieder falsch ist. Selbst der Hass mancher Schweizer auf die Schweiz ist so perfekt, dass man ihm nicht widersprechen kann. Man kann nur darauf hinweisen, dass die Schweiz ein winziges und ziemlich bedeutungsloses Land ist. Aber das wollen selbst die Schweizer nicht wahr haben, die über die Schweiz schimpfen. ***Mein liebster Ort in der Schweiz*** ist der Thurgau, ein Kanton ohne besondere Kennzeichen, dessen Hymne aus gutem Grund zu 50 Prozent aus dem Wort „tralala" besteht. Schön ist er trotzdem – nicht gebirgig, nicht flach, nicht urban und nicht bäurisch. Seine Bewohner sind wortkarg aber nicht kauzig, nicht stolz, aber auch nicht bescheiden. Die Thurgauer sind gute Staatsbürger, folgen in Abstimmungen fast immer der Regierung, in der sie kaum je vertreten sind und fahren doch dauernd über die Grenzen nach Konstanz oder Bregenz, wo Butter und Fleisch viel billiger sind, und wo sie sich beinahe so wohlfühlen (und wo es beinahe so aussieht) wie zu Hause. ***Peter Stamm*** ***wurde 1963 geboren und erhielt 2003 den Kulturpreis des Thurgaus. Zuletzt erschien der Band „In fremden Gärten"***

Die Schweiz in 120 Stunden

Reisen wie ein Japaner, möglichst viel sehen in möglichst kurzer Zeit – MERIAN-Redakteur Andreas Hallaschka verbrachte fünf perfekte Urlaubstage zwischen Zürich und Zuoz

INFO

CityNightLine Auskunft gibt's unter Tel. 018 05-21 34 21 www.citynightline.ch

Zürich Tourismus Umfangreiches Angebot vom Stadtplan bis zum City Guide, in dem alles steht, was ein Besucher wissen will. Mit der ZürichCARD hat man freie Fahrt im Nahverkehr und Zutritt zu 43 Museen. Büro im Hauptbahnhof. Tel. 0041-1-21540-00 Unter Durchwahl -88 kann man Reiseleiter wie Iris Meyer buchen. www.zuerich.com

Kunsthaus Zürich Der 1910 eröffnete Bau wird bis 2005 möglichst originalgetreu saniert, ist aber zu besichtigen. Eine der bedeutendsten Sammlungen der Schweiz, von Alten Meistern bis in die Moderne. Täglich geöffnet. Tel. 0041-1-253 84 84 www.kunsthaus.ch

Masoala-Regenwaldhalle 11 000 Quadratmeter große Ökosystemhalle im Zoo. Im Eintritt inbegriffen (22 sfr Erwachsene, 11 sfr Kinder). Am besten fährt man mit der Straßenbahnlinie 6. Tel. 0041-1-254 25 00 www.zoo.ch

Zürich – Blick aufs Großmünster

Zürich – Badeanstalt an der Limmat

Zürich – Bahnhofstraße

Der Tag in ZÜRICH beginnt am Vorabend in Hamburg. „Grüezi wohl“, begrüßt Urs Buchser die Gäste im nachtblauen Speisewagen der CityNightLine. „Darf ich ein Gläschen Malanser Spätburgunder empfehlen.“ Herr Buchser darf. Noch vor Rotenburg an der Wümme ist das Gläschen geleert. Und bei Hannover hat das Rattern des Zuges die meisten Reisenden in erwartungsfrohen Schlaf befördert.

Morgens um viertel nach acht sieht kein Bahnhof der Welt ansehnlich aus. Außer in der Schweiz. Ordentlich und aufgeräumt wie das ganze Land. Willkommen in Zürich – mit 360 000 Einwohnern die wahrscheinlich kleinste Weltstadt der Welt. Im Büro von Zürich Tourismus wartet die Stadtführerin Iris Meyer, um in den folgenden Stunden die Vorzüge ihrer Heimatstadt zu zeigen. Und auf jede Frage eine Antwort zu wissen. Zu Fuß geht es zur Limmat, entlang an den mittelalterlichen Schipfe-Häusern, hoch zum Lindenhof, wo einst das römische Kastell stand. Ein wunderbarer Blick auf die Stadt Zwinglis, die liberale Stadt, die schon Mitte des 19. Jahrhunderts vielen großen deutschen Geistern Obdach bot und später jenen, die sich hierher vor den Nazis retten konnten.

Eine Geschichte nach der anderen erzählt Frau Meyer. Berichtet begeistert von 600 neuen Beizen (Kneipen) in den vergangenen Jahren, von der neuen Atmosphäre: „Die Stadt ist offener geworden, mediterraner“ – als hätte ein calvinistischer Pfarrer den Talar aufgeknöpft. Frau Meyer zeigt das Wohnhaus Lenins, die Badeanstalt an der Limmat (nur für Frauen), die Chagall-Fenster im Fraumünster, den Kreuzgang am Großmünster, kleine Geschäfte und – „das müssen Sie sehen“ – die Ausstellungsräume des Zürcher Kunsthauses.

Von hier geht es mit der Straßenbahn zum Zoo. Dort zeigt Dr. Martin Bauert, ein Botaniker im Ranger-Look und Kurator der Masoala-Regenwaldhalle, sein

Blick auf St. Peter vom Limmatquai. Die Turmuhr hat mit einem Durchmesser von fast neun Metern das größte Zifferblatt in Europa

Zürich – Masoala-Regenwaldhalle

Luzern – The Hotel

Revier: einen Hektar groß, tropisch heiß, feucht und dem Original auf Madagaskar mit wissenschaftlicher Akribie nachgebildet. Zürichs neue Attraktion, im Juni 2003 eröffnet, erlebt seitdem monatlich 300 Führungen – so viele hatte der Zoo vorher im Jahr. Alle wollen die eigenartigen Flughunde sehen, das Geschrei des Roten Vari hören oder den Bambus sehen, der am Tag bis zu 20 Zentimeter wächst. Tarzan-Feeling. Zurück in der Stadt führt der Weg zu einer kostenlosen Fahrrad-Verleihstation. Das Velo ist das ideale Vehikel, um die Stadt zu erkunden, und sei es die Bahnhofstrasse mit ihren eleganten Geschäften.
Es ist Zeit zum Abschied. Noch einmal mit der Seilbahn durch das elegante Villenviertel am Zürichberg zum Rigiblick und vom Grab Georg Büchners einen tiefen Blick nehmen auf diese Stadt. Zu genießen und zu beschließen, dass diese Stadt nicht wert ist, nur besucht zu werden. Hier möchte man leben.
Gut eine Stunde später erreicht der Zug den Bahnhof von LUZERN. Gleich nebendran liegt der hypermoderne Bau des KKL. Museum, Kulturhaus und Konzertgebäude in einem. In Stein gefasste Wasserläufe fließen durch das Haus und Ströme von Musik umschmeicheln die Ohren der Zuhörer: Johannes Brahms gespielt vom Concertgebouw-Orchester. Unvergesslich.
Danach noch ein Gang über die berühmte Kapellbrücke in die nächtliche Altstadt. Ein Glas Schweizer Wein noch in „The Hotel". Dann ins Zimmer. Über dem Doppelbett an der Decke eine Filmszene mit Patricia Arquette in Unterwäsche. Nur ein kurzer Blick, dann beginnt die Nacht nach einem langen Tag.

Gratis Fahrradverleih „Züri rollt" ist ein soziales Projekt für Erwerbslose und Asylsuchende. Gegen Ausweis und ein Pfand von 20 sfr gibt's ein kostenloses Velo. Sechs Stationen, u.a. am Bahnhof (Velogate, Gleis 18), am Kaufhaus Globus in der Schweizergasse und vier weitere.
Tel. 0041-1-305 30 13
www.zuerirollt.ch

Luzern Tourismus
Bahnhofstraße 3
Tel. 0041-41-227 17 17
www.luzern.org

KKL Der weltweit bewunderte Bau birgt fantastische Konzertsäle, ein Kunstmuseum sowie diverse Tagungsräume.
Tel. 0041-412 26 70 70
www.kkl-luzern.ch

The Hotel Cooles Design mit cineastischem Touch.
Tel. 0041-41-226 86 86
www.the-hotel.ch

Luzern – Die KKL-Fassade

Genf – Fahrt mit dem Boot über den Lac Léman nach Lausanne

GENF wartet mit der Überraschung auf den Reisenden, wie klein diese Stadt ist, und mit Gianna Mestermann. Seit 35 Jahren lebt sie hier und will auch nirgendwo anders mehr hin: „Mich bekommen Sie nicht einmal nach Lausanne.“ Vielleicht ist die gebürtige Italienerin deswegen so geeignet wie keine Zweite, die Vorzüge dieser internationalen Stadt (40 Prozent Ausländer) zu zeigen, die nur vier Kilometer Grenze mit der übrigen Schweiz, aber mehr als 100 mit Frankreich teilt und sich stolz „République et Canton de Genève“ nennt. In unglaublichem Tempo brettert Gianna mit ihrem BMW durch die Stadt: UN-Gebäude hier, das pittoreske Viertel Carouge (gehörte einst zu Sardinien) dort. Nobelviertel Cologny mit der Bibliothek Martin Bodmers hier und die Altstadt dort. Mittagessen im Café Lyrique und ein Gespräch darüber, dass man von hier aus ebenso schnell in New York ist wie im Val Müstair in Graubünden. Notiz im Tagebuch: Unbedingt wiederkommen.

Es geht weiter mit dem Linienboot nach LAUSANNE. Vorbei an Surfern und Seglern, den Weinbergen von „La Côte“ zur Linken und dem Alpenpanorama zur Rechten. Nahe des Anlegers lädt das Hotel Beau Rivage Palace zum Tee inmitten vieler arabischer Gäste. Von hier führt der Weg zum Olympischen Museum und zu einer U-Bahn, die bis in die sehenswerte Altstadt führt. Von der Endstation lohnt sich der Fußweg zur Kathedrale, ein Blick ins Musée de Design et d’Arts Appliqués Contemporains und zur Terrasse am Schloss, um hier den Blick und die Stille zu genießen. Per Eisenbahn sind es 30 Minuten zum wunderbar altmodischen, aber total renovierten Montreux Palace Hotel, von wo aus man ohne Gepäck in einer Stunde auf einem Uferweg bis zum Château de Chillon läuft. Das Schloss ist das meistbesuchte historische Bauwerk in der Schweiz, oft besungen von Schriftstellern und Dichtern. Unweigerlich nimmt es auch den Touristen von heute gefangen, denn es ist so romantisch und trutzig wie in eines jeden Jungen Ritterburgfantasien. Viel Stoff zum Träumen am Abend im Pool des Hotels mit Blick über den See auf die Berge.

Genf – Vereinte Nationen

INFO

Genf Tourismus Büro in der Rue du Mont-Blanc im Postgebäude. Hier bucht man auch Fremdenführerinnen wie Gianna Mestermann. Tel. 0041-22-909 70 70 www.geneve-tourisme.ch

Palast der Vereinten Nationen 3000 Beamte arbeiten im UN-Zentrum. Sehenswert: Versammlungs- und Beratungssaal, Rockefeller-Bibliothek und Museum. Eingang: Pregny-Tor; 14, Av. de la Paix, Ausweis erforderlich. Juli und August 10-17, sonst Mo-Fr 10-12 und 14-16 Uhr.

Bodmeriana Bibliothek eine der zehn größten Privatbibliotheken der Welt. 10-21, Route du Guignard, Cologny. Vorher anmelden! Tel. 0041-22-707 44 33

Café Lyrique gemütliches Caféhaus, Ambiente, gutes Essen. 12, Blvd. du Théâtre, Tel. 0041-22-328 00 95

Lausanne – Bergauf in die Altstadt

INFO

Bern Tourismus Im Bahnhof und am Bärengraben liegen die beiden Touristen-Informationen der Bundesstadt. Unbedingt vorbeigehen, denn Bern bietet unglaublich viel: u.a. **Kunstmuseum** (Gemälde), **Historisches Museum** (Gobelins aus dem Burgunderschatz), **Kornhausforum** (Moderne Kunst). Tel. 0041-31-3129110 www.bernetourism.ch

Münster Das größte Gotteshaus der Schweiz ist ein Muss. Die Klettertour auf den Turm lohnt. Herrlicher Blick auf die Dachlandschaft der **Altstadt**, die in einer Schleife der Aare wie auf einer Halbinsel liegt. Highlight ist der **Zeitglockenturm** mit Uhrwerk aus dem 16. Jahrhundert. Ein Einkaufsbummel gehört in Bern auch dazu.

Interlaken Die Stadt zwischen Thuner und Brienzer See (lat. „inter lacus") ist der Ort, von dem man das Oberland am besten erschließen kann. Die Gegend ist so voller Naturschönheiten, dass es müßig wäre, sie alle aufzählen zu wollen.

Hotel Victoria-Jungfrau siehe Infoteil. Vom Bahnhof Interlaken-Ost fährt man über die Kleine Scheidegg aufs **Jungfraujoch** (169 sfr für den Tagesausflug, 5-Tages-Pass der

Bern – Blick vom Münster

Bern – Altstadt-Laubengänge

Interlaken – Mysteriöser Park

Merligen – Bad am Thuner See

Das Wunder von BERN liegt darin, dass der Bärengraben die trostloseste Sehenswürdigkeit ist und trotzdem hier die Reisebusse parken. Ein Phänomen wie die Kleine Meerjungfrau in Kopenhagen. Erst in einigen Jahren soll das Elend der Wappentiere ein Ende haben: Geplant ist ein Freilaufgehege mit der Gelegenheit für die Bären, in der Aare zu schwimmen. Doch zurück. Der Tag in Bern beginnt auf dem Platz vor dem Münster, wo heute schon früh eine reformierte Trauung stattfindet. Deswegen ist die Kirche für Besucher geschlossen, und es bleibt keine Ausrede: hinauf auf den Turm. 254 schmale Stufen in einem engen, schmalen Turm bis zur ersten Plattform, wo das Gipfelbuch für die über 70-Jährigen ausliegt. Sportlich, wer es bis hierher schafft. Noch weitere 90 Stufen, und der Tüchtige wird belohnt mit einem grandiosen Blick auf die Altstadt, die von oben auch heute noch so aussieht wie zu der Zeit, als Matthaeus Merian seinen Stich aus der Vogelschau imaginierte. Erschöpft und ergriffen begreift der Betrachter, warum der alte Teil der Schweizer Bundesstadt als Ganzes von der Unesco als Weltkulturerbe eingestuft ist. Und es fällt nicht leicht, den erhabenen Posten aufzugeben. Unten laden kilometerlange Laubengänge zum wettergeschützten Einkaufsbummel ein oder einfach zu einer Tour zu Berns zahlreichen Sehenswürdigkeiten. (Nicht dazu gehört das Wankdorf-Stadion, wo 1954 die deutsche Elf Weltmeister wurde. Es ist 2001 gesprengt worden.) Über die Autobahn geht es zur Abfahrt Thun-Nord. Satt vom Gesehenen fällt es leicht, Thun und das Zähringer Schloss rechts liegen zu lassen. Dafür geht es auf der nördlichen Uferstraße des Thuner Sees über eine der schönsten Autostrecken der Schweiz. Zunächst sind es noch die herrschaftlichen Villen und Hotelgebäude, dann immer mehr das See- und Bergpanorama, das den Reisenden bannt. Im Dorf Merligen ist Mittagspause im kleinen privaten Freibad, dessen Schwimmbecken wundersam in den See überzugehen scheint. Weiter auf der Uferstraße steigert sich die Schönheit des Fahrerlebnisses in einem stetigen Crescendo. An Interlaken vorbei (ein Stopp im teuren und wirklich mysteriösen Mystery Park des Science-Fantasten Erich von Däniken mit seinen Pappmaché-Modellbauten und Billig-Animationen lohnt nicht) geht es nach Grindelwald, dem berühmten Ferienort am Fuße des nicht minder berühmten Dreigestirns von Eiger, Mönch und Jungfrau – samt dem Aletschgletscher ins Weltnaturerbe der Unesco aufgenommen. Es ist dies das wohl eindrucksvollste Landschaftserlebnis Europas und dazu über ein System von Eisen-, Seil- und Zahnradbahnen bestens erschlossen. Durch die legendäre Nordwand des Eiger führt die Strecke als sieben Kilometer

Jungfraujoch – Weltnaturerbe Aletschgletscher

lange U-Bahn, und die Haltestelle in 2865 Meter Höhe, wo man einen Ausguck in den einst so bedrohlichen Berg geschlagen hat, verleitet den Reisenden zu einem Gedenken an die Männer, die hier ihr Leben gelassen haben – hier, wo man selbst so komfortabel in kaum einer Stunde den Gipel erreicht.
Oben, am höchstgelegenen Bahnhof Europas (3454 Meter), beginnt der „Spielplatz Europas", das Jungfraujoch mit Sommerski und Schlittenhundfahrten, Gletscherwanderungen und Sonnenbaden. Die Luft ist dünn, die Eindrücke sind mächtig, und es fällt schwer zu glauben, wie bedroht diese Schönheit vom Klimawandel ist. Allein im Hitzesommer 2003 haben die Schweizer Gletscher zwei Meter Dicke verloren und die Theorie, in 100 Jahren seien drei Viertel aller Alpengletscher verschwunden, scheint nicht mehr ausgeschlossen.
Der Abend gehört dem 139 Jahre alten Victoria-Jungfrau, der Mutter aller Grandhotels. Auch der Vielgereiste muss zugeben, dass Direktor Emanuel Berger sein Haus führt, wie es besser nicht geht (leider ist diese Erfahrung nicht ganz billig). Unter der Massage im perfekten Wellnessbereich verflüchtigen sich die Anstrengungen des Tages. Jetzt nur schlafen. Oder doch zum Menü ins Restaurant? Dort tragen die Serviererinnen Kleider aus der Gründungszeit des Hotels.
Ein wunderbarer Anblick. Die richtige Entscheidung.

Oberland – Kleine Scheidegg

Jungfraujoch – Eispalast

Jungfraubahnen 190 sfr). Auf 3454 Meter, am höchsten Bahnhof Europas, gibt es geführte Gletscherwanderungen, einen Ski- und Snowboard-Park, drei Restaurants und 20 Meter unter dem Aussichtsplateau den Eispalast – tiefe Stollen in den Gletscher hinein, in denen man allerlei Eis-Skulpturen bewundern kann. Sonnenbrille und Pullover nicht vergessen!

Jungfraubahnen:
Tel. 0041-33-828 72 33
www.jungfraubahn.ch

Interlaken Tourismus:
Tel. 0041-33-826 53 00
www.interlakentourism.ch

Zuoz – Marktplatz mit Engadiner Häusern

In GRAUBÜNDEN heißt es „Allegra" zur Begrüßung, obwohl es nur noch wenige Zehntausend sind, bei denen eine der vier Mundarten des „Rumantsch", des Rätoromanischen, offiziell als Muttersprache gezählt wird. Graubünden ist der bei weitem größte Kanton der Schweiz – und der am dünnsten besiedelte. Das Land ist vielseitig, aufregend wild, abwechslungsreich und voller Kulturschätze. Der Tag von Aldo Giacomelli beginnt früh, denn die ersten Gäste seines Hotel Chavalatsch wollen schon um sieben frühstücken. Genau gegenüber steht das Benediktinerinnenkloster St. Johann, Unesco-Weltkulturgut wegen seiner karolingischen Fresken und der Magnet für Kultururlauber. Dreimal am Tag startet Giacomelli von hier zur 40 Kilometer langen Fahrt durch den Schweizer Nationalpark über den Ofenpass nach Zernez. Denn Aldo Giacomelli ist ebenfalls Postbus-Chauffeur und Garant für die einzige öffentliche Verkehrsverbindung in den entlegensten Zipfel des Val Müstair im entlegensten Zipfel der Schweiz. Giacomelli ist so etwas wie die gute Seele des Münstertals, bringt unterwegs Postsäcke mit Briefen und Paketen zu den Posthaltern, hält auf offener Straße, um den Touristen im Bus Gämsen und Hirsche zu zeigen und empfiehlt Wanderern die besten Stellen zum Aussteigen im Nationalpark.

INFO

Hotel Chavalatsch Familiär und einfach, aber bequemer kann man in Müstair nicht wohnen als bei dem freundlichen Postbus-Fahrer. Tel. 0041-81-858 57 32 www.hotel-muestair.ch

Kloster St. Johann werktags ab 9, sonntags ab 13.30-17 Uhr zugänglich. 10 sfr mit Führung. Tel. 0041-81-851 62 28 klosterladen@bluewin.ch

Nationalpark Der einzige NP der Schweiz und älteste Mitteleuropas (1914) ist bekannt für seinen Artenreichtum. Schon vom Postbus, besonders aber als Wanderer, sieht man Steinböcke, Rothirsche und Gämse. Mit Glück erspäht man Bartgeier, aber auch Steinadler und Murmeltiere. Es gibt tolle Wanderwege, ein Blockhaus und ein Hotel sowie mehrere Campingplätze im

Müstair – Postbus-Endstation

Nationalpark – Gämse

Von Zernez geht die Reise mit der Rhätischen Bahn nach CHUR. Manche kommen nur deswegen nach Graubünden – zum Bahnfahren. Doch bevor sich der rote Zug über die legendäre Strecke des Albulapasses schraubt, lohnt unbedingt ein Stopp in Zuoz, dem wohl eindrucksvollsten und besterhaltenen Engadiner Dorf. Dann geht es – Respekt vor den Ingenieuren – in Kurven und Kehren, durch Tunnels und über aberwitzige Viadukte in die Bündner Hauptstadt, wo eine Reihe anderer spektakulärer Bahnstrecken beginnt. Es lohnt sich ein Bummel durch die Altstadt zur Kathedrale und zum bischöflichen Schloss, bevor man den Zug durch das enge und urwüchsige Tal des Vorderrheins nach Ilanz nimmt.

Hier beginnt die Fahrt im Postbus hinauf in das lange Valsertal auf einer Straße, die teils so schmal und bröckelig ist, dass man froh sein kann, in einem Bus zu sitzen, denn die Fahrt im Mietwagen wäre sicher noch abenteuerlicher gewesen.

Die Bewohner von Vals, des einzigen deutschsprachigen Orts dieses Tals, staunen über solche Ängstlichkeit. Ihre Vorfahren, die Walser, kamen vor Jahrhunderten vom Wallis her über die Passhöhe und setzten sich hier am Ende des Tals fest. Der Segen und Wohlstand ihrer Nachkommen ist die Quelle, aus der Mineralwasser gefördert wird. Dann baute der Architekt Peter Zumthor hier 1996 ein Thermalbad aus lauter graugrünen Natursteinplatten, das seither Architektur- und Wellnessfans gleichermaßen begeistert. Es ist archaisch, durch die Steingänge zu gehen und im warmen Wasser zu baden. Überwältigend, dabei auf die Kulisse der Dreitausender zu schauen. Auch wenn das dazugehörige Hotel einer schlimmen Bausünde der sechziger Jahre entsprungen ist – wer hier war, wird wiederkommen wollen und allen davon erzählen.

Müstair – St. Johann

Chur – Altstadtpanorama

Ilanz – Vorderrheinschlucht

Herzen des Parks. Ein Besuch im Nationalparkhaus in Zernez empfiehlt sich. Tel. 0041-81-856 13 78 www.nationalpark.ch

Rhätische Bahn
Der Streckenplan der Albulastrecke sieht aus, als hätte jemand einen Schnürsenkel aufs Papier fallen lassen. Aber auch die Routen nach Davos und Klosters sind nicht schlecht. Tel. 0041-81-288 61 04 www.rhb.ch

Chur
Graubünden Ferien, Tel. 0041-81-254 24 31 www.graubuenden.ch

Zuoz „Wir haben in St. Moritz ja gesehen, wie es nicht geht", erklärt Tourismusmanager Andrea Gilli, warum Zuoz so erhalten ist. Tel. 0041-81-851 20 20 www.topengadin.ch. Sehr gut essen und übernachten kann man bei Sonja und Andreas Martin im Gasthaus Krone im Nachbarort La Punt Chamues-ch. Tel. 0041-81 854 12 69 www.krone-la-punt.ch

Therme Vals
Schon die Website ist ein Genuss: www.therme-vals.ch Hotelgäste haben die Therme von 7-11 Uhr für sich. Tel. 0041-81-926 80 80

Vals – Zumthors Therme

St. Gallen – Kathedrale

Der SCHWEIZER OSTEN ist touristisch irgendwie durchs Rost gefallen. Die Reisenden rasen über die Rheintal-Autobahn Italien entgegen und an den Kleinodien der Gegend vorbei. In ihrer Verzweiflung sind die Tourismusmanager so weit gegangen, ihre Region ganz offiziell in „Heidi-Land" umzutaufen – in der Hoffnung, dass der plakative Titel wenigstens ein paar Japaner anlocken würde.

Dabei gibt es hier Schönheiten wie den Walensee, wo sich schon früh am Morgen die Tagesgäste am Anleger von Murg versammeln. Von hier fahren die Boote der Walenseeflotte hinüber nach Quinten, das nur auf dem Seeweg oder zu Fuß zu erreichen ist. An den steil abfallenden Hang der Churfirsten schmiegt sich dieser Weiler, in dem Kiwis und Feigen wachsen und dessen 55 Bewohner prächtig vom Fremdenverkehr leben. Zu Fuß wandert man nach Quinten-Au, von wo das Boot zurück nach Murg fährt. Auf der Landstraße am See geht's in Richtung Bündner Herrschaft. Hier, um die malerischen Orte Malans, Fläsch und Maienfeld, wachsen ein paar ausgezeichnete Weine. In Maienfeld hat man ein altes Gehöft zum „Heididorf" erklärt. Den Fußweg dahin kann man sich getrost sparen, es sei denn, man hat kleine Kinder dabei, die mit dem Roman Johanna Spyris vertraut sind. Viel eher lohnt ein Besuch auf Schloss Salenegg bei Familie von Gugelberg, wo man sich vorher telefonisch zu einer Weinprobe angemeldet hat. Von hier aus fährt man über den malerischen Engpass Luzisteig nach VADUZ in Liechtenstein, durchquert dabei die Anlage einer hübschen Schweizer Armeekaserne, die hier ganz augenscheinlich die Grenze zum benachbarten Fürstentum bewacht.

Die Hauptstadt Vaduz, bekannt durch ihre Briefkastenfirmen und einen Erwerbssteuersatz von höchstens 17 Prozent, lädt auf den ersten Blick nur zum Vorbei- und Durchfahren ein. Ein Fehler. Hinter der Hauptstraße verbirgt sich ein liebenswertes Gemeinwesen, in dem jeder, der sich kennt, einander mit „Hoi" begrüßt, und da jeder jeden kennt, begrüßt sich auch ein jeder so. Wer dem Schild „Städtle" folgt, kommt in die pittoreske Altstadt. Dort liegt die Hofkellerei mit fotogenem Weingut (im Besitz des Fürsten), das erstklassige Restaurant Torkel (im Besitz des Fürsten) und das Kunstmuseum Liechtenstein, das auch die Gemäldesammlung des Fürsten beherbergt. Vor allem aber lohnt die exquisite Sammlung moderner Kunst den Besuch in diesem schwarz glänzenden Kubus aus poliertem Beton.

Wer Zeit hat, für den lohnt die Fahrt von hier am fürstlichen Schloss vorbei (nicht zu besichtigen) hoch nach Triesenberg wegen des wunderschönen Blicks

INFO

Ferienregion Heidi-Land Tel. 0041-81-720 08 20 www.heidiland.com

Quinten Im Sommer fahren die Boote täglich von 7-22 Uhr ab Murg. www.walenseeschiff.ch

Schloss Salenegg Das Weingut Schloss Salenegg in Maienfeld hat eins der schönsten Herrenhäuser Graubündens. Die Blauburgunder Weine und Brände sind dem ebenbürtig. Tel. 0041-81-302 11 51 www.schloss-salenegg.ch

Liechtenstein Im Büro von Liechtenstein-Tourismus in Vaduz kann man sich für 1,50 Euro einen offiziellen Einreisestempel in den Pass drücken lassen. Tel. 004 23-239 63 00 www.tourismus.li

Kunstmuseum Der moderne Bau in Vaduz ist Di-So ab 10 Uhr geöffnet. Erw. 8 sfr. Tel. 004 23-235 03 00 www.kunstmuseum.li

Walensee – Anleger Murg

Maienfeld – Schloss Salenegg

Hofkellerei
Mehr als eine Laune ist die fürstliche Domaine in Vaduz. Der Betrieb produziert prämierte Weine, die absolut keine Absatzschwierigkeiten kennen. Ein Besuch und der Einkauf lohnen. Tel. 004 23-232 10 18 www.hofkellerei.li

Toggenburg Tourismus
Ein wunderbares Hochtal, in dem das Geburtshaus Zwinglis steht. Viele Wander- und Fahrradwege. Heimat prominenter Wintersportler und entsprechend gute Anlagen. Tel. 00 41-71-998 60 00 www.toggenburg.org

Appenzell Ein wirkliches pittoreskes Stück Ur-Schweiz. Aber die bunt bemalten Häuser sind eine relativ neue Mode: In den zwanziger Jahren bemalte Johannes Hugentobler das erste! Touristen-Info Tel. 00 41-71-788 96 41 www.appenzell.ch

St. Gallen
Die benediktinische Abtei erlebte im 9. Jahrhundert ihre Blüte, war kultureller Brennpunkt des Abendlandes und unermesslich reich. 400 Handschriften der 150 000 Bände der Bibliothek stammen aus dieser Zeit. Sehenswert sind in der Stadt auch die Bürgerhäuser aus der Hochzeit der Textilindustrie. Die Geschäfte der Stadt lohnen! Touristen-Info Tel. 00 41-71-227 37 37 www.st.gallen-bodensee.ch

Appenzell – Fassadenkunst

Toggenburg – Sennenromantik

St. Gallen – Stiftsbibliothek

ins Rheintal und der schönen Landschaft des Liechtensteiner Hinterlands.

Zurück führt der Weg über Buchs mit seinen charakteristischen Holzhäusern nach Werdenberg, idyllisch zwischen Schlossberg und See gelegen. Die kleinste Stadt der Schweiz hat gerade mal 80 Einwohner und man muss sehr aufpassen, aus Buchs kommend nicht daran vorbei zu fahren. Das wäre schade, denn das Örtchen weckt romantischste Gefühle.

Von hier aus gelangt man über Wildhaus, dem Geburtsort Zwinglis, ins Toggenburg und weiter, über die Schwägalp-Passhöhe nach APPENZELL. Diese ganze Strecke entlang an sanftgrünen Kuhweiden, hölzernen Schobern und Almwiesen ist so sehr schweizerisch, wie die Schweiz nur sein kann. Man sieht die Heidi Johanna Spyris förmlich durch diese Landschaft laufen und hört das Glockenklingen des Schellen-Ursli (der eigentlich aus Graubünden kommt) und möchte immerfort rufen: „Mehr, mehr, mehr“.

Appenzell selbst ist ein großes Dorf von trauriger Berühmtheit, weil erst das Bundesgericht in Bern 1991 den Frauen der Gemeinde das Stimmrecht verschaffen musste. Um so stolzer ist Regula Krucker, die Fremdenführerin im Ort, dass sie jetzt wählen gehen darf, wenn auch um den Preis, dass „einige Männer jetzt nimmer kommen“, wenn auf dem Dorfplatz in öffentlicher Versammlung gewählt wird. Der Platz und die bunt bemalten Häuser Appenzells sind unbedingt einen Besuch wert.

Höhepunkt der Ostschweiz aber ist ST. GALLEN mit dem Stiftsbezirk und der darin befindliche Barocksaal mit der einzigartigen, von der Unesco als Weltkulturerbe geschützten Bibliothek (kein Museum, sondern seit 1200 Jahren aktiv). Deren älteste Exemplare gehen in das 8. Jahrhundert zurück, also auf die Zeit, als der irische Wandermönch Gallus mitten in der bewaldeten Wildnis eine Mönchsklause gründete. Ein Wunder nicht allein die Kunstfertigkeit, mit der diese Bücher hergestellt wurden, sondern der Umstand, wie sie die Zeitläufte mit Kriegen, Reformation und Bildersturm überstanden haben – meist, weil St. Galler Bürger sie bei Gefahr zu Hause versteckten. Sehenswert auch die Reste der „Schiedmauer“, die ab 1566 (ähnlich wie in Berlin) Stift und Stadt voneinander trennte.

Von hier ist es nicht weit in die Hafenstraße von Arbon, von wo aus man einen herrlichen Blick auf den nächtlichen Bodensee hat. Ringsherum leuchten die Lichter, und man ist fast schon wieder in Deutschland. □

Andreas Hallaschka, MERIAN-*Chefredakteur, wird diese Reise wiederholen – aber nicht noch mal in 120 Stunden.*

AKTUELL UND SOFORT VERFÜGBAR: GOURMET TRAVEL TIPPS FÜR EUROPAS SCHÖNSTE REISEZIELE.

GOURMET TRAVEL TIPPS – der neue Service von DER FEINSCHMECKER, Deutschlands führendem Gourmet-Journal:
Wichtige Informationen zu Restaurants und Hotels in über 50 Reisezielen, aktuell und exklusiv ausgewählt von der Feinschmecker-Redaktion. Suchen Sie ein Fischrestaurant am Bodensee, ein verstecktes Bistro in Paris oder ein stilvolles Hotel in Lissabon – die Gourmet Travel Tipps von DER FEINSCHMECKER führen Sie hin. Die Informationen können Sie per SMS, Fax und Post abrufen.

• **Per SMS:** Senden Sie eine SMS mit Stichwort TIPPS, dem Reiseziel und Ihrer E-Mail-Adresse an die **82882** (legion 0,99 €/SMS, VFD2 Anteil 0,12 €/SMS). Bitte setzen Sie jeweils einen Leerschritt nach Tipps und nach dem Reiseziel. Und innerhalb weniger Augenblicke bekommen Sie eine E-Mail mit den Tipps der gewünschten Stadt/Region (z.B. »TIPPS Genf mustermann@t-online.de«). Achtung: Sie müssen die SMS aus Deutschland abschicken.

• **Per Fax:** Stellen Sie Ihr Faxgerät auf Abruf oder Polling und wählen Sie die **01377-371015** und die Durchwahl des gewünschten Reiseziels (z.B. für Köln 01377-371015-08), und die Gourmet Travel Tipps kommen umgehend als Antwortfax (legion 0,98 €/Anruf).

• **Per Postversand:** Bestellen Sie die Gourmet Travel Tipps direkt unter 040 / 87 97 35 40 gegen 2,- € Schutzgebühr pro Reiseziel (inkl. Versandkosten).

***Hinweis zum SMS-Abruf:** Bei Reisezielen mit Hotel- und Restauranttipps geben Sie bitte direkt hinter dem Ort ein H für Hotel oder ein R für Restaurant ein, z.B. »TIPPS BerlinH mustermann@t-online.de« für Hoteltipps in Berlin.

DIE FOLGENDEN REISEZIELE STEHEN IHNEN INDIVIDUELL ZUR AUSWAHL:

Reiseziele	Durchwahlen
DEUTSCHLAND (STÄDTE):	
Berlin (Hotels)*	01
Berlin (Restaurants)*	02
Dresden	03
Düsseldorf	04
Frankfurt (Main)	05
Hamburg	06
Hannover	07
Köln	08
Leipzig	09
München	10
Stuttgart	11
DEUTSCHLAND (REGIONEN):	
Bodensee	12
Ostsee (Flensburg bis Usedom)	13
Franken	14
Saarbrücken (Mosel-Saar-Ruwer)	15

DER FEINSCHMECKER
TRAVEL TIPPS
presented by
S.PELLEGRINO

Strahlende Einblicke: Skulpturen von Alberto Giacometti im Fenster der Fondation Beyeler im Basler Stadtteil Riehen

Zwar übt sich Basel gern in Bescheidenheit, doch auf ihr Angebot an Kunst und Kultur ist die Stadt stolz. Zu Recht

Text: Johannes Schweikle

Kunst im schönsten Rahmen

Blick für die schönen Dinge: der Basler Kunstsammler Ernst Beyeler

Aus dem Amerikaner-Saal schaut einem ein Warhol entgegen. Nichts lenkt hier ab von der Kunst

Der Weg zu Picasso führt an zwei Störchen vorbei. Sie staksen über eine blühende Wiese, im Hintergrund führt eine Allee zu einem Landsitz, und wir fragen uns, ob wir die falsche Straßenbahn genommen haben. Aber da kommt schon eine ausgesucht höfliche Stimme aus dem Lautsprecher der Linie 6: „Sehr geehrte Besucher der Fondation Beyeler! Sie können beim übernächsten Halt unmittelbar vor dem Eingang des Museums aussteigen."

Jetzt sind es nur noch ein paar Schritte durch einen Englischen Park im Basler Stadtteil Riehen, dann hinein in den klaren Bau des großen Architekten Renzo Piano, der sich bescheiden mit nur einem Stockwerk in die Landschaft fügt. Und da hängen sie, die Bilder der bedeutendsten Maler der klassischen Moderne: Miró und van Gogh, Kandinsky und Cézanne, und natürlich Picasso. Vom verglasten Wintergarten fällt der Blick auf Weinberge und die 165 Bäume, die Christo einst in Folie verpackt hat.

Kaum irgendwo auf der Welt wird Kunst in einem schöneren Rahmen gezeigt. Durch das Glasdach fällt natürliches Licht, der „Seerosenteich" von Claude Monet hat eine ganze Wand für sich allein bekommen. Noch nicht einmal ein Lichtschalter lenkt vom Bild ab, an der Stirnseite gibt eine Glasfront den Blick frei zu einem Teich, der in der Natur die Kunst fortsetzt. Ein Kind patscht gegen die Scheibe, weil draußen Enten dümpeln, und auf dem hellen Parkett stehen großzügige weiße Sofas. Ein Besucher mit Fahrradhelm unterm Arm sitzt da und lässt die Bilder auf sich wirken.

Willkommen in Basel, der kleinen Großstadt, die sich mitten in Europa versteckt. Die seit der Renaissance emsig Kunstschätze sammelt, aber diese so entspannt präsentiert, dass Hochkultur nicht anstrengt. Nur der Rhein beugt hier sein Knie. In den Gassen der Altstadt, zwischen Innenhofkneipen und dem mittelalterlichen Münster, werben Plakate: „Vom Sofa ins Museum in 30 Sekunden".

Ernst Beyeler ist heute mit dem Fahrrad in sein Museum gekommen. Der hagere Herr ist 1921 in Basel geboren. Er trägt volles weißes Haar und eine markante Nase in einem wachen Gesicht. 1947 trug er als junger Galerist seine erste Ausstellung zusammen: japanische Farbholzschnitte, von denen einer damals 3000 Schweizerfranken kostete. Heute sind sie das hundertfache wert. Beyeler erkannte früh, welche Künstler sich dank ihrer Qualität durchsetzen würden. Picasso gestattete ihm, unter seinen Werken frei auszuwählen – Beyeler kaufte ihm 26 Bilder ab. Mit dem weltweiten Kunsthandel verdiente er so viel, dass er sich zu einer Stiftung entschloss: Für 65 Millionen

»Das Leben ist zu kurz, um sich mit schlechten Dingen zu umgeben.«

Pablo Picasso: „Tête de femme", 1961

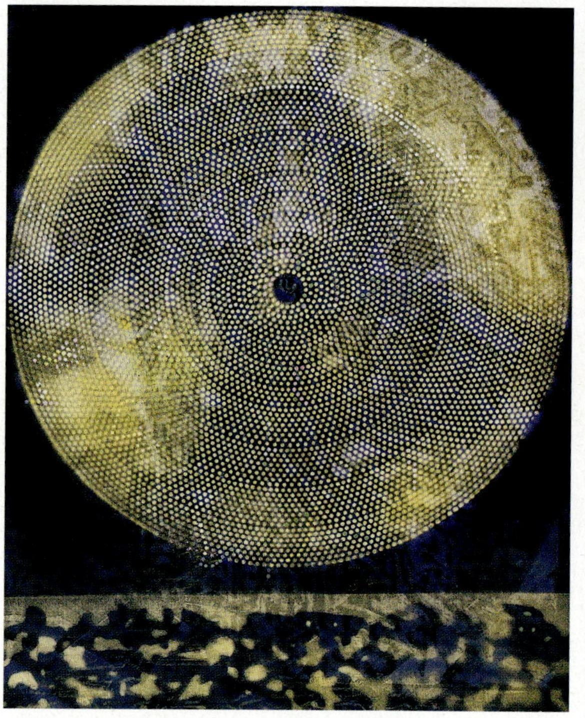

Max Ernst: „Naissance d'une galaxie", 1969

Schweizerfranken baute er Mitte der neunziger Jahre ein Museum für die Bilder aus seinem Privatbesitz.

„Das Leben ist zu kurz, um sich mit schlechten Dingen zu umgeben", sagt Ernst Beyeler. Dieser Grundsatz gilt bei ihm für Kunst und Natur, für Wein und Essen. Seine hellen Augen sehen unbeirrbar klar und blicken trotzdem freundlich. Als junger Kunsthändler, das gibt er unumwunden zu, schien ihm Basel zu klein. Er glaubte, in eine der Metropolen ziehen zu müssen, wenigstens nach Zürich. „Aber dann ging es hier immer ganz nett weiter" – im Vergleich zum Basler Understatement ist das britische reine Angeberei –, und Beyeler erkannte die Vorzüge seiner 170 000 Einwohner kleinen Vaterstadt: „Basel hat das Augenmaß und den Sinn für Proportionen nicht verloren." Wenn der Galerist aus Paris oder London zurückkam, schätzte er „den ruhigen Ort abseits, an dem ich Distanz gewinnen und neue Projekte angehen konnte". Er liebt die Natur, die nur ein paar Straßenbahnhaltestellen entfernt liegt. Früher ging er nachmittags Skifahren im Schwarzwald oder ruderte auf dem Rhein.

Heute kommt jedes Jahr die Crème der Kunstsammler und Galeristen nach Basel: Im Juni wird auf der Messe ART Basel so ziemlich alles an zeitgenössischer Kunst gezeigt, was teuer und hoffentlich gut ist. Ernst Beyeler hat 1970 die ART mitgegründet, und mittlerweile ist in der Kulturstadt nur eine Messe noch wichtiger: die für Uhren und Schmuck. Jeder Juwelier dieser Welt, der auf sich hält, muss im April nach Basel, wo in dieser Zeit die Hotelzimmer das Dreifache kosten, und auch jenseits der Grenze lässt sich bis Freiburg jedes Bett vermieten. „Zweimal im Jahr sind wir eine Weltstadt, sonst ein Dorf", sagt der Wirt des Restaurants „Kunsthalle", bei dem sich die Sammlerszene trifft.

Die Straßenbahn rattert über die Mittlere Brücke. Seit dem 13. Jahrhundert führt hier eine Verbindung über den Rhein, die Basel im Mittelalter zu einem Verkehrsknotenpunkt machte: Zwischen Bodensee und Nordsee führten nur wenige Stege über den Strom. Ab Basel ist der Rhein schiffbar, der Hafen gilt als einziger Zugang der Schweiz zum Meer. Der ständige Kontakt mit Fremden bewahrt diese reiche Stadt vor selbstgefälliger Bräsigkeit.

In der Reformation jagten die Basler Bürger den Fürstbischof aus seinem Palais, behielten aber den Bischofsstab als Wappen. Protestanten aus Frankreich und Italien brachten die Grundlage für jahrhundertelangen Wohlstand mit: die Seidenbandweberei. Aus dem Färben der Schmuckbänder entwickelte sich die chemische Industrie, die heute 30 000 Arbeitsplätze bietet. Hier machte die gehobene Gesellschaft ihr Vermögen. Man nennt sie den *Daig*, den Basler „Teig", die Hoffmanns, die Staehelins, die Vischers und andere, „Vischer mit Vögeli-Vau".

Ernst Beyeler gehört nicht zu ihnen. „Ich habe mich nicht hineingedrängt. Man war freier, wenn man ihre Rituale nicht mitmachen musste", sagt er zurückhaltend, „über ihre Geschäftspart-

MERIAN | TIPP Museen

LAND DER MUSEEN

Eine Auswahl der insgesamt 930 Museen und Sammlungen der Schweiz:

AIGLE

Weinmuseum
Geschichte des Weinbaus in einem Bilderbuch-Schloss im Rhonetal, das sich – natürlich – auf einem Weinberg befindet.
Château d'Aigle, Tel. (024) 466 21 30 www.chateauaigle.ch *Apr.-Juni, Sept. u. Okt. Di-So 10-12.30, 14-18, Juli u. Aug. tgl. 10-18 Uhr, Nov.-März geschlossen*

BASEL

Kunstmuseum Basel
Großartige Sammlung vom 14. Jahrhundert bis hin zum Abstrakten Expressionismus und Pop-Art. Weltweit größte Ausstellung von Werken der Holbein-Familie.
St. Alban-Graben 16, Tel. (061) 206 62 62 www.kunstmuseumbasel.ch *Di-So 10 bis 17 Uhr, am 1. So im Monat Eintritt frei*

Museum Jean Tinguely
Ratternde Maschinenskulpturen, blinkende Großplastiken und Zeichnungen von Jean Tinguely. Der Bau: ein Werk Mario Bottas.
Paul-Sacher-Anlage, Tel. (061) 681 93 20 www.tinguely.ch *Di-So 11-19 Uhr*

Fondation Beyeler
Bedeutende Werke der klassischen Moder-ne in einem Bau von Renzo Piano.
Baselstr. 101, Basel-Riehen Tel. (061) 645 97 00, www.beyeler.com *tägl. 10-18, Mi bis 20 Uhr*

BERN

Kunstmuseum Bern
Schwerpunkte: italienisches Trecento, bernische und französische Kunst und deutscher Expressionismus. Größte Sammlung von Werken Paul Klees.
Hodlerstrasse 12 Tel. (031) 328 09 44, www.kunstmuseumbern.ch *Di 10-21, Mi-So 10-17 Uhr*

Schweizerisches Alpines Museum
Natur und Kultur der Schweizer Berge in 3-D, Videofilme, Dias, Inszenierungen.
Helvetiaplatz 4, Tel. (031) 351 04 34, www.alpinesmuseum.ch *Mo 14-17 Uhr und Di-So 10-17 Uhr*

Historisches Museum Bern
250 000 Objekte zeigen die Schweiz von der Urgeschichte bis zur Neuzeit.
Helvetiaplatz 5, Tel. (031) 350 77 11 www.bhm.ch *Di-So 10-17 Uhr und Mi 10-20 Uhr*

Aus den Pioniertagen des Velos. Verkehrshaus der Schweiz, Luzern

BÜRGLEN

Tell-Museum
In einem mittelalterlichen Turm künden historische und künstlerische Exponate vom Ruhm des Schweizer Nationalhelden.
Postplatz, Tel. (041) 870 41 55, www.tellmuseum.ch *tgl. Ende Mai bis Anfang Okt.*

DAVOS

Kirchner Museum Davos
Die umfangreichste Sammlung des bedeutenden deutschen Expressionisten.
Ernst-Ludwig-Kirchner-Platz, Davos Platz, Tel. (081) 413 22 02, www.kirchnermuseum.ch *Weihnachten bis Ostern u. 6. Juli-30. Sept. Di-So 10-18, sonst 14-18 Uhr*

LUZERN

Verkehrshaus der Schweiz
Hunderte nostalgische Fahr- und Flugzeuge. Multimediale Gotthardtunnelschau und interaktive Ausstellungsstücke.
Lidostr. 5, Tel. (084) 885 20 20 www.verkehrshaus.org *Apr.-Anfang Nov. 10-1, Anfang Nov.-Ende März 10-17 Uhr*

Picasso-Museum
Eine besondere Sammlung der Werke aus Pablo Picassos letzten 20 Schaffensjahren.
Am-Rhyn-Haus, Furrengasse 21, Tel. (041) 410 35 33, *Apr.-Okt. 10-18, sonst 11-17 Uhr*

SCHAFFHAUSEN

Hallen für neue Kunst
Kunst der Gegenwart in einer alten Textilfabrik: Werke internationaler Künstler aus den 60er und 70er Jahren. u.a. Joseph Beuys.
Baumgartenstrasse 23, Tel. (052) 625 25 15, www.modern-art.ch *Di-Sa 15-17, So 11-17 Uhr*

Bedeutende Sammlung: E. G. Bührle in Zürich

WINTERTHUR

Fotomuseum
Jährlich fünf große Wechselausstellungen internationaler Künstler.
Grüzenstrasse 44, Tel. (052) 233 60 86 www.fotomuseum.ch *Di-So 11-18, Mi 11-20 Uhr*

Sammlung Oskar Reinhart Am Römerholz
Eine der bedeutendsten Privatsammlungen mit 200 Werken europäischer Kunst von der Spätgotik bis zur klassischen Moderne. Schwerpunkt: französische Malerei des 19. Jahrhunderts. Werke u.a. von Delacroix, Renoir, Manet, Pissarro, Toulouse-Lautrec.
Am Römerholz, Haldenstrasse 95 Tel. (052) 269 27 40 *Di-So 10-17 Uhr*

ZÜRICH

Kunsthaus Zürich
Vom italienischen Barock bis zur Videokunst des 20. Jhs. Herausragend: die vielen Werke Alberto Giacomettis. Größte Munch-Sammlung außerhalb Norwegens.
Heimplatz 1, Zürich, Tel. (01) 253 84 84 www.kunsthaus.ch *Di-Do 10-21 Uhr, Fr-So 10-17 Uhr*

Schweizerisches Landesmuseum
Die umfangreichste Sammlung der Schweizer Kulturgeschichte von der Urgeschichte bis ins 20. Jahrhundert.
Museumstrasse 2, Tel. (01) 218 65 11 www.slmnet.ch *Di-So 10-17 Uhr*

Stiftung Sammlung E.G. Bührle
Schwerpunkt französische Impressionisten und klassische Moderne. Werke u. a. von Manet, Renoir, Cézanne, van Gogh, Gauguin.
Zollikerstrasse 172, Tel. (01) 422 00 86 www.buehrle.ch *Di, Fr, So 14-17 Uhr Mi 17-20 Uhr*

ner im Ausland haben sie dann erfahren, was meine Galerie bedeutet." Heute mieten die Hoffmanns Räume in seinem Museum, wenn sie einen Geburtstagsempfang geben.

Der Sinn für Kunst und Kultur ruht in Basel auf solidem Fundament. 1460 wurde hier die älteste Universität der Schweiz gegründet. Matthaeus Merian, Kupferstecher und Namensgeber dieser Zeitschrift, wurde hier geboren, und der Gelehrte Basilius Amerbach sammelte im 16. Jahrhundert Zeichnungen, Goldschmiedearbeiten und anderes, was „der Menschengeist Interessantes hervorgebracht hat". 1661 erwarb die Stadt sein Kabinett und legte damit den Grundstein für die älteste öffentliche Kunstsammlung der Welt.

Bei so viel Geist will das Geld nicht ausgeschlossen sein. Es macht Stiftungen. Der Chemie-Riese Hoffmann-La Roche etwa ließ ein Museum ans Rheinufer bauen, in dem die verrückten Maschinen von Jean Tinguely ausgestellt sind, die der Künstler aus Schrott zusammengesetzt hat. Tinguely machte einst im Basler Kaufhaus Globus eine Lehre als Dekorateur, wurde wegen Disziplinlosigkeit entlassen und hielt später mit seinen Plastiken der Wegwerfgesellschaft den Spiegel vor.

Ernst Beyeler legt noch eine Wurzel für den Basler Kunstsinn frei: die Fasnacht. Am Montag nach Aschermittwoch beginnt Punkt vier der Morgenstreich. Mit dem Glockenschlag erlischt in den Gassen die Beleuchtung, dumpfe Trommeln und hohe Piccolopfeifen füllen die Dunkelheit. Jede Musikgruppe trägt eine Laterne, die aufwändig mit Bildern und Versen bemalt wurde. Wer mitmachen will, muss mehr können als trinken. Die Spottverse, die hier Schnitzelbänke heißen, reiben sich an den Ungereimtheiten der Welt: „Da verspottet der Basler Witz in einem Reim den amerikanischen Präsidenten und einen hiesigen Fußballspieler", sagt Ernst Beyeler. „Unsere Fasnacht hat ein hohes Niveau und eine ursprüngliche Kraft bewahrt." Umgekehrt bewahrt das sinnliche Volksfest der Fasnacht diese Stadt vor einem elitären Kunstverständnis.

Bleibt noch eine Frage offen: Warum sind 85 Prozent der Gäste in Basel Geschäftsreisende und Messebesucher? Warum dürfen die von Hans Holbein bis heute gesammelten Kunststücke in dieser Stadt als Geheimtipp gelten? Vielleicht liegt es an der Zurückhaltung, die hier oberste Bürgerpflicht scheint. So wie in der Anekdote von den beiden Baslern, die sich mit zwei Geschäftspartnern aus Zürich für ein Foto aufstellen sollen. Höflich lassen sie den Kollegen aus der Finanzmetropole den Vortritt. Als das Bild am nächsten Tag in der Zeitung erscheint, sagt einer zum andern: Siehst du, die Zürcher haben sich wieder vorgedrängt. □

Die Basler lieben die Fasnacht. Künstler Tinguely hat ihr einen heiteren Brunnen gewidmet

»Unsere Fasnacht hat eine ursprüngliche Kraft bewahrt«

Forte Design Group

Ein Bergdorf als multiples Klangerlebnis

Text: Emanuel Eckardt *Fotos: Christian Irrgang*

An der Tuba Anders Tofting Swane Lund im Treppenhaus der Schule

Es begann 1994 mit einer Geburtstagseinladung. Seitdem findet in Verbier jeden Sommer ein Bergfest der musikalischen Weltklasse mit den prominentesten Solisten statt. Ein einzigartiges Gipfeltreffen

Ein Bergdorf im Kanton Wallis, rund 1500 Meter über dem Meeresspiegel, ein beschaulicher kleiner Ort mit 2000 Seelen, mit 50 Restaurants, vier Discotheken und rund einer Million Besuchern übers Jahr, das ist Verbier. Im Winter geht es hoch her im Big Ben Pub und in der Offshore Coffee Bar. Im Winter staubt herrlicher Pulverschnee über den Quatre Vallées, dem größten Skigebiet der Schweiz, den vier Tälern mit 400 Kilometern Piste. Im Winter schweben Gondeln über Tiefschneefeldern, wirbeln Freerider und Snowboarder auf weißen Hängen, tummeln sich die Abfahrtsläufer, das ewige Eis der Drei- und Viertausender im Blick.

Im Sommer leuchten Geranien in Verbier. Friedlich liegen die Chalets in der Sonne, eine Schweizer Sommerfrische für gehobene Ansprüche. Die Preise sind auf alpinem Niveau, und wer den Hundekot nicht aufnimmt, wird „gebüsst". Ein Feriendorf wie andere auch, wären da nicht die Sonnenzelte in den Parklücken, aus

Ein Flügel reicht nicht beim Verbier Festival & Academy. Acht Pianisten wollen spielen, darunter Martha Argerich und Mikhail Pletnev

Hier als Terzett: Sarah Chang, Nikolaj Znaider und Ilya Gringolts

Mit Kontrabass im Korridor: Anne-Claire Choasson

denen Streichquartette und Bläserserenaden ertönen. Schubert und Brahms, Haydn und Bach, wohin das Ohr sich wendet. In Hotels und Chalets, in Schulen und Restaurants üben Sänger, Geiger, Bläser, Pianisten. Ein Bergdorf als multiples Klangerlebnis.

Als wäre es verzaubert. Der Wanderer mit Rucksack und Turnschuhen, der etwas zerstreut wirkt, sieht aus wie der berühmte Pianist Emanuel Ax, die Frau mit dem Einkaufsbeutel und den Gesundheitsschuhen ähnelt aufs Haar der legendären argentinischen Virtuosin Martha Argerich, und wenn nicht alles täuscht, spaziert ein Doppelgänger von James Levine, Chefdirigent der Metropolitan Opera in New York, die Dorfstraße hinauf.

Zauberei? Die Doppelgänger sind Realität. Ihre Bilder blicken aus den Schaufenstern zwischen Sportkleidung und Dessous. Die Originale laufen daran vorbei, begegnen einem im Café, in der Apotheke, in der Schlange beim Bäcker. Denn im Sommer ist Verbier Schauplatz eines der merkwürdigsten Festivals in Europa, ein Campingplatz großer Musik, ein Almauftrieb der Superstars. Und das liegt an Martin.

Martin ist von Haus aus Pianist, hat als Künstleragent und Direktor A & R (Artists and Repertoire) bei der Deutschen Grammophon die berühmtesten Musiker der Welt betreut, Dirigenten und Pianisten, Geiger, Cellisten und Sänger, Primadonnen und Virtuosen. Offenbar sind sie darüber zu Freunden geworden. Der Schwede Martin T:son Engstroem – das T:son bedeutet, er ist Turolfs Sohn – gehört zu den Menschen, denen niemand etwas abschlagen kann.

Als er auf die Idee verfiel, den 22. Juli, seinen Geburtstag, in Verbier mit seinen besten Freunden zu feiern, kamen so viele, dass es sinnvoll war, das Fest auf ein paar Wochen auszudehnen. Die Freunde wollten ja nicht nur feiern, sondern auch gemeinsam Musik machen. Und weil sie als internationale Solisten nie Gelegenheit haben, zusammen zu spielen, brauchten sie Zeit für Proben und für ihre Auftritte natürlich auch, drei Wochen sollten es schon sein. Und weil Martin fand, dass so eine schöne Geburtstagsparty keine einmalige Sache bleiben dürfe, kamen sie im nächsten Jahr wieder.

So entstand 1994 das Verbier Festival & Academy, ein Bergfest hochmusikalischer High Fidelity, Virtuosentreffen und Werkstatt zugleich. Denn die Stars spielen nicht nur, sie unterrichten in Meisterklassen, geben Workshops für Musik, Theater und Tanz. Es kamen Isaac Stern, Zubin Mehta und Kent Nagano, Bobby McFerrin, Björk und Nigel Kennedy, aber auch Schauspieler wie Ben Kingsley, Marthe Keller oder Juliette Binoche.

Wir hatten das Vergnügen, bei Martins 50. Geburtstag dabei zu sein, und kamen aus dem Staunen nicht heraus. Allein der Konzertsaal! Die Salle Médrany ist kein Saal, sondern ein riesiges Zelt, ein nüchterner Zweckbau, auf dessen Podium man eher einen Gabelstapler erwarten würde als einen Steinway. Endlos steigen die Sitzreihen in die Tiefe des Raumes, 1750 Plätze, für ein Kino zu viel, für Kammermusik erst recht. Die Akustik entspricht etwa der des Hackerbräuzelts auf der Münchner Wies'n, nur dass im Verbierzelt keiner einen Mucks macht, wenn vorn die Musi spielt.

Dafür ist von draußen alles gut zu hören. Und dann plötzlich der Donner! Eine höhere Macht scheint mit Felsbrocken zu kegeln. Regen prasselt aufs Zeltdach. Der Geiger, ach, ist nicht mehr zu hören, von der Sopranistin nur noch wenige wetterfeste Töne. Aber dann passiert eins dieser Wunder von Verbier: Der Applaus übertönt den Wolkenbruch mühelos.

Birthday Extravaganza. Martins 50. Geburtstag ist zugleich das zehnjährige Jubiläum des Festivals. Ein Flügel reicht nicht, acht sollen es sein, denn acht Pianisten wollen spielen. „159, two, three, four!" James Levine (sechster Steinway von links) dirigiert das Flügelschlagen von Leif Ove Andsnes, Nicholas Angelich, Emanuel Ax, Evgeny Kissin, Lang Lang, Staffan Scheja und Mikhail Pletnev. Eine Tonlawine bricht los, pianistisches Wildwasser, mitreißend wie ein Bergrutsch, ein Riesenspaß. Rimski-Korsakows Hummelflug schwärmt aus. Zum Walkürenritt für acht Klaviere wird ein

James Levine, Chefdirigent der „Met" und Leiter des Verbier Festival Youth Orchestra

Probe im Keller: David Rey mit Posaune

Haydn und Bach, *wohin* das Ohr sich wendet

Stürmer ausgewechselt. Claude Frank aus New York donnert in die Tasten.

Doch der Gipfel der Pianisten ist noch nicht vollständig. Jean-Yves Thibaudet und Yefim Bronfman werden in den nächsten Tagen erwartet. Martha Argerich wird zum ersten Mal Gershwins „Rhapsody in Blue" spielen. Auch bei den Sängern naht die Crème de la crème: Thomas Quasthoff, Barbara Hendricks, Elisabeth Söderström und Magdalena Kožená. Die Dirigenten Christoph von Dohnányi, Yuri Temirkanov und Esa-Pekka Salonen haben sich angesagt und das Ensemble Il Giardino Armonico.

Die Streicher des Birthday Festival Orchestra verdienen es, namentlich vorgestellt zu werden, ein unmögliches Orchester, denn es besteht nur aus Solisten: Gidon Kremer, Ilya Gringolts, Vadim Repin, Christian Tetzlaff, Sarah Chang, Renaud Capuçon, Dimitri Sitkovetsky und Nikolaj Znaider, Violine; Yuri Bashmet und Nobuko Imai, Viola; Mischa Maisky und Boris Pergamenschikow, Cello. Allen Vorurteilen zum Trotz spielen sie wunderbar zusammen: Variationen zum Thema „Happy Birthday", und in den Tagen danach wieder in überschaubaren Ensembles oder solo, eine Fülle anspruchsvoller Programme.

„Das eigentliche Wunder ist das Orchester", schrieb der Korrespondent der *New York Times,* einer von etwa 100 Journalisten aus 21 Ländern, die zu Martins Geburtstag anreisen. Er meinte allerdings nicht die Seilschaft der großen Namen, sondern das UBS Verbier Festival Youth Orchestra, jene mehr als 100 Musiker zwischen 17 und 29 Jahren, die unter der Leitung von James Levine zu einem perfekten Klangkörper gewachsen sind.

Kaum zu glauben, dass Martin T:son Engstroem sich einst weigerte, dieses Orchester überhaupt zu gründen. „Als die UBS anfragte, ob ich für sie ein Jugendorchester aufbauen könnte, habe ich spontan nein gesagt. Ich fand, eine Bank sollte kein Jugendorchester unterhalten", erklärt er etwas verlegen, „aber die Bank war unglaublich hartnäckig." Beharrlichkeit ist eine Schweizer Tugend. Die UBS ist nicht nur die größte Bank der Schweiz, sondern eins der größten Unternehmen der Welt. Sie hat als Sponsor der Festivals von Luzern und Verbier große Erfahrung im Umgang mit Künstlern. Schließlich fand der zögernde Engstroem die Idee, die jungen Musiker als Residenzorchester ans Festival zu binden, überzeugend. Und mit James Levine von der New Yorker „Met" habe man einen phänomenalen Orchester-Erzieher gefunden.

Levine, künstlerischer Leiter des Orchesters, strahlt. Die Leistung seiner Schützlinge findet er „schlicht verblüffend". Sie haben diesmal nicht nur ein Riesenwerk wie Richard Strauß' „Elektra" als konzertante Aufführung mit Bravour hingelegt, sondern an fünf Abenden insgesamt 15 Werke von Mozart und Beethoven, Schubert, Schumann, Brahms und Bruch bis zu Dvořak, Mahler und Rachmaninow so aufgeführt, dass internationale Kritiker Purzelbäume schlugen.

Drei Wochen hatte das Jugendorchester zur Vorbereitung. Und was die Sache nicht einfacher macht: Rund die Hälfte der Musiker werden jedes Jahr ausgewechselt. Die Neuen sind allerdings handverlesen. Für 47 Positionen bewarben sich 1350 Musiker aus aller Welt. „Ich habe diese Kids so intensiv bearbeitet, sie hatten so viel zu lernen, und so schnell. Es war unglaublich, wie sie mitzogen", berichtet James Levine. Er hat von der Metropolitan Opera in New York zwölf Stimmführer für den Intensivkurs in Orchestermusik mitgebracht. „Das ist eine fantastische Selbsterfahrungsgruppe", sagt er nun, „eine Orchester-Akademie."

Das Orchester *ist ein* Wunder: nur Solisten

Damit sich die Investition auch verzinst, ist der Klangkörper der Bank nicht nur in Verbier zu hören. Tourneen führen durch Metropolen in Europa, Asien und die USA, zeigen das UBS Verbier Festival Youth Orchestra als Global Player. Es spielt vor Präsidenten und bei Wirtschaftsgipfeln, trägt den Geist von Verbier in die Welt. Musik als Vermögen von unschätzbarem Wert. Das ist, zumindest in der Schweiz, kein Bankgeheimnis. □

Emanuel Eckardt, *Jahrgang 1942, lebt als freier Autor in Hamburg.*
Christian Irrgang, *geb. 1957, ist Reportagefotograf in Hamburg.*

MERIAN | TIPP Festivals

Gidon Kremer und Vadim Repin

Internationales Bach-Fest
Schaffhausen, www.bachfest.ch

Opern-Festival Engadin St. Moritz
www.opernfestival-engadin.ch

Kyburgiade **(Kammermusik)**
Schloss Kyburg im Kanton Zürich
www.kyburgiade.ch

Lugano Festival
Lugano, www.luganofestival.ch

Luzern Festival
Luzern, www.lucernefestival.ch

Menuhin Festival Gstaad **(mit dem London Symphony Orchestra)**
Gstaad, www.menuhinfestival.com

Das Riffelalp-Festival **(Kammermusik)**
Zermatt, www.riffelalp-festival.com

Classic Openair Solothurn (Opern)
Solothurn, www.classic-openair.ch

Schlosskonzerte Thun **(Klassik und Jazz)**
Thun, www.thun.ch

Verbier Festival & Academy **(Klassik)**
Vevey, www.verbierfestival.com

Zürcher Festspiele
(Musiktheater, Konzerte)
Zürich, www. zuercher-festspiele.ch

>> weitere Tipps im Service-Teil

Evgeny Kissin (stehend) und Lang Lang: Klavierstück für vier bis 16 Hände

Erwartungsvoll im Zelt-Foyer: Konzertpublikum

OLYMPUS
Your Vision, Our Future
DER MOMENT: PERFEKT.
DIE KAMERA: AUSGEZEICHNET.
Die Olympus μ[mju:] 400 DIGITAL:
Beste digitale Consumer-Kamera
bei den TIPA European Photo & Imaging Awards 2003/2004.
4 Millionen Pixel in einem wetterfesten* Metallgehäuse.
OLYMPUS
4.0MEGAPIXEL
TIPA
TECHNICAL IMAGE PRESS ASSOCIATION
www.olympus.de
*entspricht IEC Standard publication 529 IPX4

Mit Schirm Charme und ohne Methode

Die Kaschmir-Region ist von Unruhen erschüttert. Doch bei Zweisimmen im Oberland sieht's fast genau so aus, und es lässt sich gefahrlos drehen. Das schätzen auch Jyotika (rechts) und Vijay, Liebespaar im Film „Thirumalai“

Indischer Liebestanz im Schlosshof von Gruyères. Gedreht für den Bollywood-Film „Kangalaal Qaithu Saei“

Text: Martina Wimmer Fotos: Andri Pol

Das Berner Oberland ist beliebte Kulisse für Indiens Kitschfilm-Produzenten. Jeder Dreh ein Abenteuer, denn die Leute aus Bollywood bringen gottgegebenes Chaos in die Schweizer Perfektion. Und das ist aufregender, als es sich je ein Drehbuchschreiber ausdenken könnte

Das Hotelzimmer ist groß. Nicht ganz zeitgemäß möbliert, aber geräumig. So wie es sich gehört für einen, der Anweisungen erteilt. Der indische Filmregisseur Bharathiraja hat sich selbst imposant auf das breite Bett dekoriert, ganz leger mit einem sonnengelben Tuch um die Hüften und einem gut eingeschenkten Glas Whisky in der Hand. „Tomorrow,“ sagt er mit einer tiefen, sonoren Stimme, wie man sie möglicherweise nur von reichlich Whisky bekommt. „Tomorrow I need a lake, two boats and two divers.“

„Na super,“ seufzt Jean-Pierre Francioli, „dann mal schönen Abend noch.“ Francioli ist ein hoch aufgeschossener, sehniger Mann, nur seine Schultern hängen leicht, und seine Augen hinter den kleinen, runden Brillengläsern wirken müde. Er schält sich langsam aus dem Türrahmen und sagt leise im Gehen: „It's a little late for that, but I see what I can do.“

Er hätte auch brüllen können: Seid ihr total wahnsinnig? Ich bin seit 17 Stunden auf den Beinen! Ich habe euch heute durch die halbe Schweiz kutschiert auf der Suche nach einer Wiese, die so grün war, wie ihr sie gerne hättet! Es ist Freitagabend, 22 Uhr – könnt ihr euch nicht mal ein bisschen früher überlegen, was ihr wollt?

Francioli weiß, es würde nichts ändern. Er hat sich heute schon mehrmals den Mund wund geredet, hat das 20-köpfige indische Team in einem altersschwachen Reisebus kurvige Bergstraßen hinauf- und hinuntergekarrt, hat das Panorama auf dem Hornberg angepriesen, als wäre es sein Lebensziel, jede Kuh der Schweiz auf Zelluloid gebannt zu sehen. Auf dem Hornberg jedoch war das Gras zu braun, dem Jahrhundertsommer sei Dank. In der Nähe von Zweisimmen schließlich fand sich am Ende des Tages eine saftige Weide.

Die Abendsonne zauberte ein Funkeln auf die Kostüme der Darsteller, und Bharathiraja war zufrieden. „Yes, very good – the erotic glow of the moment“, schnurrte er. Francioli stöhnte: „Wir drehen – ich nagel ein Kreuz an den Himmel!“ Dann verschwand das Licht hinter dem Bergmassiv. Es sah nach Feierabend aus.

Seit sieben Jahren betreut Francioli indische Filmschaffende, die mit der Bergwelt seiner Heimat Liebesgeschichten aus Bollywood garnieren. Und das nur, weil er Bus fahren kann, weil er Englisch spricht und Französisch, vor allem aber, weil er viel Humor hat und noch mehr Geduld.

Im Busunternehmen „Tritten Reisen“ in Zweisimmen im Berner Oberland jedenfalls ist er neben Chef Jakob Tritten der Einzige, der mit den Indern kann. Die anderen chauffieren lieber japanische Touristengruppen oder den öffentlichen Nahverkehr.

„Man muss das mögen. Die Herausforderung.“ Freitagabend in Zweisimmen, einem kleinen Bergdorf 15

Hauptdarsteller und Team fröstelt es, während sie vor der Schlosskapelle darauf warten, dass sich ein Regenschauer verzieht. Für die Inder ist das Kruzifix eine exotische Schnitzerei

Kilometer entfernt von Gstaad. Es ist nicht viel los hier mitten im August. Jakob Tritten sitzt schon eine Weile im Gasthof Alpenrose, während Francioli noch sein Handy heißtelefoniert auf der Suche nach See, Booten, Tauchern. Er hebt gelassen sein Rotweinglas und erklärt die Größe der Aufgabe sowie den ewigen Grund des Scheiterns: „Die Inder sind nicht lernfähig." Diese Filmemacher kennen keine Drehpläne, keine Tagesdispos, im schlimmsten Fall haben sie noch nicht mal ein Skript. So war es nur von Vorteil, dass Tritten keine Ahnung vom Filmemachen hatte, als seine Karriere als Produktionsleiter begann.

Vor 30 Jahren hatte sich der erste indische Filmproduzent in Trittens Gegend verirrt und bereits die Nerven zweier Busunternehmer verschlissen, bis er bei dem geschäftstüchtigen Schweizer mit der gemütlichen Aura landete. Der hat schnell gewittert, dass „da mehr zu holen ist" und sich „recht ins Zeug gelegt", um die Wünsche seiner asiatischen Kunden zu erfüllen.

Die Inder wollten vor allem blitzblanke Alpenromantik für die musicalartigen Einlagen ihrer Filme. Über die seltsame Liebschaft werden mittlerweile wissenschaftliche Arbeiten geschrieben, die gegenseitige Zuneigung hat viele Gründe. Liebe und Sex sind im indischen Film ein Tanzvergnügen. Der Ringelpietz in Traumlandschaft steht für alles, was man im Film nicht zeigen darf, selbst Küssen ist verboten. Die Fantasie im Naturidyll spiegelt die ewige Variation eines indischen Mythos: die Liebesgeschichte zwischen dem blauhäutigen Gott Krishna und dem Hirtenmädchen Radha, die in vielen Episoden, aber immer vor paradiesischem Hintergrund spielt.

Die Gebirge der Kaschmir-Region waren dafür als Folie bald überstrapaziert und außerdem wegen der ständigen Konflikte als Drehort zu riskant. Die Inder entdeckten die Schweiz als makellose Kitschkulisse. Und: Die Leinwandliebe hat mittlerweile auch touristische Konsequenzen. Wer sich eine Hochzeitsreise ins Ausland leisten kann, träumt von den Gletschern der Schweiz. Seit den neunziger Jahren steigt die Zahl indischer Besucher im Alpenland gewaltig. 2001 stellte die Schweizer Botschaft in Indien mehr als 58 000 Visa aus. Auf dem Jungfraujoch erwartet die weit gereisten Flitterwöchner das indische Restaurant Bollywood, und das Engelberger Hotel Terrace hat sich ganz auf indische Gäste eingestellt, mit authentischer Küche und geschultem Personal.

Für die Filmemacher hat die Arbeit in Europa auch ganz pragmatische Gründe. Daheim in Indien besteht ein Team gern mal aus mehr als 100 Personen, weil jeder, der sich für wichtig hält, seine gesamte Familie ans Set einlädt. Obendrein ist es bei den Filmstars üblich, gleichzeitig mehrere Engagements anzunehmen und zwischen den Produktionen auf dem riesigen Subkontinent zu pendeln. Das kostet Zeit und damit Geld, das sich in der Schweiz sparen lässt.

Tritten grinst: „Wenn zu viele auf der Stabliste stehen, bekommen die einfach kein Visum." Obwohl „Tritten Reisen" bis zu 40 Teams pro Jahr betreut, hat sich der Chef aus der Arbeit am Set so weit wie möglich zurückgezogen. Zweimal im Jahr reist er nach Indien, um Kontakte zu pflegen. Ansonsten beschafft er Visa, bucht Hotels und ahnt so schon bevor das Abenteuer beginnt, was dabei auf seinen Mitarbeiter Francioli zukommt.

„Bei denen habe ich gleich gewusst, das wird schwierig." Tritten nickt in die Richtung eines Hotels, dessen Fassade aussieht wie das Bühnenbild eines exotisch besetzten Theaterstücks. Alle Balkone sind belagert von Mitgliedern des indischen Teams – beleibte Produzenten unterhalten sich mit ernster Miene, der Kostümassistent hängt gemächlich ein paar funkelnde Kostüme an die Leine, die Choreographen entspannen sich bei einer Zigarette, das hübsche Hauptdarstellerpärchen verlässt das Haus zu einem Abendspaziergang. Durch die Straßen Zweisimmens wabert der Geruch von Basmati-Reis und Curry.

Letzteres ist ein nicht unwesentliches Detail, um den harmonischen Ablauf der Drehwoche zu garantieren. Inder essen indisch, zu diesem

sikaran und
iyamani beim Dreh
der surreal
stylten Bar des
instlers HR
ger, die 2003 im
hloss Gruyères
öffnet wurde. Dort
ot es auch
n Giger-Museum

Ein Regisseur mit Hang zu großer Geste: Bharathiraja erklärt dem Organisator Jean-Pierre Francioli und dem Fahrer der weißen Stretch-Limousine, wo's langgeht

Der Tanz des Gottes Krishna mit dem Mädchen Radha vor alpiner Kulisse: Ob das das indische Publikum versteht?

Zweck haben die Schweizer vor ein paar Jahren einen Küchenwagen gebaut, in dem ein eigens engagierter Koch die vertraute Schärfe anrührt. Nur: Der Meister war diesmal ein Fehlgriff, er kann nicht kochen, die Mannschaft murrt. In diesem ausgewählten Fall demonstrieren zur Abwechslung die Inder die hohe Kunst der Improvisation: In der Küche regiert nun die Mutter der Hauptdarstellerin, assistiert von einem rundlichen Kerl, der seine neue Aufgabe mit Begeisterung wahrnimmt. Vielleicht deswegen, weil ohnehin nicht klar war, was er bislang am Set zu tun hatte.

So ist das beim Film, nicht nur beim indischen: Einige stehen immer im Weg. Bei der Produktion der „Lakshmi Movie Makers" aus dem südindischen Chennai sind es meist die Produzenten. Drei an der Zahl, ein Dicker mit, ein Dicker ohne Halbglatze, beide sind fast rund um die Uhr damit beschäftigt, um Geld und Drehgenehmigungen zu feilschen. Dazu ein schmaler Hyperaktiver mit Schnurrbart, der gern in zu großem Ledermantel als Kleindarsteller finstere Blicke in die Kamera wirft. „Lakshmi" übrigens ist die Göttin des Glücks und des Reichtums, da muss es nicht verwundern, wenn Produzent Chitra Lakshmanan (der Dicke mit Halbglatze) vergnügt erzählt, er sei noch nicht so lange im Filmbusiness und sich am Rande der Dreharbeiten nach den Stahlpreisen in Deutschland erkundigt.

Gut behütet zeigt sich Kumar, der Kostümchef, beim Dreh von „Kangalaal Qaithu Saei“. Der wendige Tonmeister richtet alles für die nächste Szene im Schloss Gruyères her

Wer mit Indern Filme dreht, muss schon mal die Klappe halten

Das Berner Oberland protzt derweil mit allen Reizen: Wiesen, Seen, Berge und gleißendes Sonnenlicht. Die Taucher sind auch bestellt, nur Regisseur Bharathiraja ist unzufrieden. Es fehlen die richtigen Boote zu seinem Glück. Zu klein, zu langsam, das Angebot des Verleihs am Strandbad in Thun gefällt ihm nicht, und beleidigt stapft er mit seinen juvenilen Stars davon. Priyamani und Vasikaran sind 19 und 22, sie Model, er Informatikstudent, Bharathiraja hat sie entdeckt und will sie zu großen Stars machen in Bollywood. Davon träumt in Indien jedes Kind.

Bharathiraja, so raunen Produzenten und Darsteller ehrfürchtig, sei sehr berühmt, und: Er sei ein Avantgardist. Weil er nicht nur die Tanzszenen in der Schweiz filmt, sondern gleich die halbe Handlung seines Films „Kangalaal Qaithu Saei“ dorthin verlegt hat. Eine wilde Geschichte von einem tamilischen Unternehmerssohn mit Hang zur Kleptomanie und einer Juwelenverkäuferin, die hinter dem Diebesgut her ist und außerdem vor der Polizei fliehen muss. Bharathiraja erzählt seine Vision mit großer Gestik und funkelndem Blick. Spielszenen in realer Umgebung, das sei im indischen Film revolutionär. So viel Willen zur Kunst kann unmöglich an Schweizer Bademeistern und Bootsverleihern scheitern.

Mit Kameramann und Gefolge marschiert der Regisseur an der Kasse des Strandbads vorbei. Dort, wo sich jetzt auf der Badewiese vor dem Bergpanorama knapp bekleidete Familien Handtuch an Handtuch grillen, sollen gleich seine Helden in Anzug und Glitzerrock neckisch Fangen spielen. Die Frau an der Kasse flippt aus, angemeldet war das Team am Vormittag, lange vor dem Hochbetrieb. Da war das Team indes damit beschäftigt, das indische Essen, das sie jeden Tag in Henkelmännern zum Drehort karren, von Schweizer Alpenstraßen zu kehren, weil, so Francioli „irgendein Depp“ die Ladeklappe nicht richtig zugemacht hatte, und dann war erst mal Mittagspause.

Stunden später läuft die Kamera dann doch, weil Francioli den Bademeister beschworen hat, dass die Badegäste nur in der Unschärfe zu sehen seien. Am Seeufer warten schon die Taucher, und der Bootsverleiher zieht seinen letzten Trumpf: „Sch'Partyboot.“ Endlich also ein schwimmendes Gefährt, erfunden wohl für opulente Vatertagsausflüge mit mehreren Bierkisten, das groß genug ist, so viele Team-Mitglieder wie möglich auf den See hinauszuschippern. Um zuzusehen, wie der Held im Anzug aus einem schnittigen Schlauchboot plumpst und die schöne Priyamani verzweifelt die Hände ringt. „Kann er schwimmen?“, fragt Francioli sorgenvoll. Alle nicken, Francioli bittet die Taucher dennoch, obwohl bereits abgedreht, mit ihrem Boot in der Nähe zu bleiben.

Als Vasikaran schließlich springt, ist der Kopf des Regisseurs noch im Bild und Franciolis Handy läutet. Der dritte Produzent, zuständig für Einkäufe, verlangt augenblicklich nach einem Auto, das ihn jetzt – kurz vor Drehschluss – an den Ort des Geschehens bringt. Francioli blickt auf die Uhr: Seit zehn Minuten steht sein Bus im absoluten Halteverbot und droht abgeschleppt zu werden. Die Taucher wollen nach Hause und verlangen nach ihrem Geld. Die indischen Produzenten beginnen zu feilschen, vom Ufer des Sees nähert sich hupend ein Dampfer. Ein paar Bündel Franken wandert schließlich von Boot zu Boot. „Merci“, sagen die Taucher, bevor sie mit großer Bugwelle von dannen brausen. Am Heck des Partyboots hievt sich keuchend der Hauptdarsteller aus dem Wasser.

Über dem Thuner See senkt sich die Sonne. Ein ganz normaler Drehtag der Lakshmi Movie Makers neigt sich seinem Ende zu. Francioli treibt seine Schützlinge in den Bus und streitet sich nebenbei mit den sturen Schweizer Verkehrswächtern. Den Strafzettel bekommt er trotzdem. „Wonderful pictures we shot today – I love Switzerland“, seufzt der Regisseur. □

Martina Wimmer, *Jahrgang 1965, ist als Autorin in Berlin Mitglied des Journalistenbüros* Schön & Gut.
Andri Pol, *geboren 1961, lebt als freier Fotograf in Bern und Basel.*

PICARDIE
PICARDIE
WIE GESCHAFFEN FÜR ROMANTISCHE AUSFLÜGE ZU ZWEIT.
france. c'est fantastique.
Maison de la FRANCE
franceguide.com
Kostenlose Broschüren unter 0190/57 00 25 (0,62€/min) oder www.franceguide.com

Text: Andrea Walter, Fotos: Raffaele Celentano

Ein bisschen von hier,
ein bisschen von dort.
Im Tessin treffen sich südliche Lebensart
und Ordnungsliebe des Nordens

Dolce Vita im Zwischenland

Marktstände und Straßencafés in bester Lage, fast mediterran. So lieben Flaneure die Uferpromenade von Ascona am Lago Maggiore

Albergo Tama
Heineken
Heineken
Heineken
Heineken
Heineken

Smaragdgrün ist das Wasser und glatt der Gneis im Bett der Verzasca. Bei Lavertezzo überspannt der mittelalterliche Ponte dei Salti den Gebirgsfluss

Blick in die Geschichte: Das Castello di Montebello, eine der drei Burgen von Bellinzona, ist Weltkulturerbe

Die Vielfalt des Tessins: Bergdörfer, Burgen und Badeorte auf engstem Raum

Wallfahrtskirche mit göttlichem Ausblick: Santa Maria del Sasso liegt oberhalb von Morcote am Luganer See

Fjord-Blick: der Monte Brè oberhalb des Luganer Sees

Das Paradies liegt in den Bergen. „Paradiso, Paradiso", verkündet der Mann in Uniform gelassen über Lautsprecher. Die Glocke am Bug des Dampfers bimmelt leise. Der See schimmert türkis, Sonnenstrahlen tanzen auf glattem Wasser. Saftig-grüne Hänge rings umher. Willkommen im Luganer Vorort Paradiso und auf der anderen Seite der Alpen – im Tessin, dem südlichsten Kanton der Schweiz. Fast schon Italien. Fast.

An der Uferpromenade wachsen Palmen und Kastanien. Das Klima ist mild, die Landschaft ein Traum, und die Bürokraten wohnen jenseits der Berge im Norden. Die Kuhglocken an dem Nippesstand neben der Anlegestelle wirken, als hätten sie sich aus einer fremden Wirklichkeit hierher verirrt.

Jetzt, zur Mittagsstunde, gibt es Risotto und Wein aus der Gegend. Hier wird Italienisch gesprochen, nur viel leiser als in Mailand oder Rom, und die Hände halten sich beim Reden zurück und liegen manierlich auf dem Tischtuch. Viele Häuser und Hotels strahlen in den Farben des Südens. Die ganze Gegend wirkt wie frisch renoviert. Fast schon Italien.

Und doch: Die Autos fahren durch die Stadt ohne zu hupen und halten an den Zebrastreifen tatsächlich an. Die Züge kommen pünktlich auf die Minute und an Laternen hängen hier und dort Tütenspender für Hundekot. Es wird auch mehr Zeitung gelesen im Tessin, weil sie bei den Abonnenten wirklich jeden Morgen im Briefkasten steckt, nicht erst drei Tage später. „Das Tessin", so sagt mancher Italiener, „das ist ein Italien, das funktioniert."

„Vorzimmer des Südens" nennt der Schriftsteller Alberto Nessi seine Heimat. „Wenn ich nach Bern fahre, fühle ich mich wie im Ausland." Dabei hat Nessi gar nichts gegen die Bundesstadt. Schön sei es dort, aber wie in einer anderen Welt, und Schwyzerdütsch verstehe er kaum. Der Weg nach Italien scheint ihm natürlicher. Direkt an der Grenze, in Chiasso, ist der Literat aufgewachsen.

Wenn die italienischen Schweizer über die aus der Hauptstadt scherzen, sagen sie: Die Berner fahren so lange im Kreisel umher, bis das Benzin verbraucht ist – weil sie ständig die Ausfahrt verpassen. Hin und wieder kommt „so ein Wind aus Bern," sagt mancher über die Bundespolitik. Den nimmt man dann nicht so ernst oder regt sich einfach mal richtig auf.

„Plötzliches Italien", notierte Franz Kafka in sein Reisetagebuch, als er 1911 per Bahn den Gotthard durchquert hatte und das Tessin erreichte. „Später verschwindet das Italienische oder der Schweizer Kern tritt vor."

Die Doppelkultur ist allgegenwärtig und sehr geschätzt. Man freut sich der Nähe zu Bella Italia und ist doch froh, Schweizer zu sein. Auf der Außenterrasse eines schönen Restaurants am Luganer See steht ein Schild: „Das Brot ist teuer! Bitte nicht die Fische füttern! Danke!"

Man pickt sich von beiden Seiten einfach das Beste heraus. Ein bisschen Dolce Vita, dies aber bitte geregelt. Was die Kreativität angeht, lasse er sich von Italien inspirieren, verrät ein Tessiner Winzer. Aber bei der Qualität sei er sehr schweizerisch.

Der derzeit berühmteste Tessiner ist der Architekt Mario Botta. Seine Bauwerke sind in der Welt verteilt, schmücken San Francisco und Athen und natürlich das Tessin. Bottas Bürogebäude steht in Lugano. Auch er schätzt sehr, dass es im Tessin beide Einflüsse gibt. „Einerseits spürt man die Kultur des Nordens, den Pragmatismus, die Rationalität. Auf der anderen Seite ist da der Geist des Mediterranen mit den großen Dimensionen, dem intensiven Licht", sagt Botta, „und auch geographisch besitzt das Tessin diese zwei Realitäten!"

Bergdörfchen mit Häusern aus Granit wie vor hunderten von Jahren und wilde Flüsse treffen hier auf spiegelglatte Seen, an deren Ufern Palmen gedeihen, Magnolien, Azaleen. Hohe Berge und die Sprachbarriere trennen den Kanton von der restlichen Schweiz. Nach Italien hin aber ist das Tessin geöffnet, dort werden die Berge langsam flacher und sanfter, spiegeln auch die Mentalität. Hier ist man offener als in der deutschsprachigen Schweiz – aber zugegeben,

Markttag: Samstags wird es eng in Bellinzona

auch reservierter als die italienischen Nachbarn. Vertrauen will verdient sein, nicht verschenkt.

„Für mich gibt es zwei Arten von Tessinern," sagt Clown Dimitri, der in Ascona am Lago Maggiore aufwuchs und in Verscio im Centovalli ein Theater samt Theaterschule führt. „Den Ur-Tessiner, der sehr herzlich, tolerant und vorurteilslos ist, und den Neureichen, der zu Geld kam und ein bisschen diese Tugenden verloren hat." Zum Glück, sagt Dimitri, und ein Grinsen fährt über sein Gesicht, seien letztere immer noch in der Minderheit. Die Tessiner stünden in ihrer Art bestimmt den Italienern näher, seien vielleicht nur „nicht ganz so geschmeidig," sagt er und überlegt einen Moment: „eine Spur bürgerlicher. Nicht ganz so problemlos."

Dass das Tessin ein Zwischenland ist, liebt man vor allem im Norden. Urlauber aus Deutschland und der deutschsprachigen Schweiz kommen im Sommer in Scharen in die „Sonnenstube". Dabei ist der Urlaub hier nicht gerade günstig. Aber angenehm und so sicher. Das Auto kann man überall stehen lassen und zur Not auch mal die Handtasche darin vergessen. Am nächsten Morgen ist sie noch da. Kriminalität ist kein ernstes Problem. Hier erscheint alles verlässlich.

Manchmal kann die Fürsorge komische Züge annehmen: Wenn sich das Warnschild am Verzasca-Fluss so furchteinflößend liest wie der Beipackzettel zu einem stark wirkenden Medikament. Wenn von Unterkühlungen, Blutstauungen und Strömungen die Rede ist und darunter: „Achte auf die Kinder", steht, alles viersprachig und „Kinder" noch einmal fett gedruckt. Mit dem Zusatz: „Eine Sekunde genügt, und ein schöner Ausflug wird zum Drama."

Sehr rasch hat sich der Besucher daran gewöhnt, dass das Tessin ein Italien auf halber Lautstärke ist und alles auf Hochglanz poliert. Aber dann ertappt er sich plötzlich dabei, wie er sich über eine vernachlässigte Häuserfassade freut, von der doch tatsächlich der ockerfarbene Putz bröckelt. Oder wenn mal ein paar Fenster, nicht eingehakt!, in einer Altstadtgasse geöffnet sind und ein Fernseher viel zu laut aufgedreht herunterschallt.

Doch dabei bekommt man fast ein schlechtes Gewissen: weil es wunderschön hier ist. Dann erinnert man sich an die Käsefrau vom Markt in Bellinzona. Auf die Frage, was ihr im Tessin am besten gefalle, hatte sie ohne zu zögern und fast ein wenig vorwurfsvoll geantwortet: „Aber alles doch!". Und an den Herrn auf der Bootsfahrt über den Lago Maggiore, der laut darüber nachdachte, hier in der Gegend ein Haus zu kaufen. „Vielleicht", hatte er gesagt und träumerisch über den See geschaut, „ist das ja ein Paradies, das funktioniert." □

Andrea Walter, *Jahrgang 1976, lebt als freie Journalistin in Hamburg.*
Raffaele Celentano, *geboren 1962 in Neapel, fotografiert für internationale Magazine. Er lebt in München und Sorrent.*

MERIAN | INFO Tessin

Über 2811 Quadratkilometer erstreckt sich das Tessin, italienisch: Ticino. Etwa 300 000 Menschen leben hier. Der Berg Monte Ceneri, südöstlich von Locarno, teilt das Tessin in zwei Gebiete: in Sopraceneri und Sottoceneri, oberhalb und unterhalb des Ceneri. Was früher einmal eine wichtige Passschwelle war, hat politisch keine Bedeutung mehr. Doch hat sich die Teilung im Sprachgebrauch gehalten und auch landschaftlich sind die Unterschiede sichtbar: Während das Sopraceneri nördlich des Lago Maggiore schroffer ist, von Flüssen und hohen Bergen durchzogen, läuft das Sottoceneri unterhalb des Luganer Sees in der Mendrisischen Ebene langsam aus. Die bedeutendsten Städte im Tessin sind Bellinzona, Lugano und Locarno. Von Beginn des 19. Jahrhunderts an wechselte der Hauptstadtsitz alle sechs Jahre zwischen den Dreien. Seit 1878 schließlich ist Bellinzona Hauptstadt, nicht Lugano, die größte Stadt und heute Standort vieler Banken. Kleine Sticheleien zwischen Lugano und Bellinzona sind bis heute spürbar. Als Beamtenstadt belächelt man die Hauptstadt gern aus der Finanzmetropole; hochnäsig seien die, gibt man von dort zurück.

4 MEGA PIXELS Die PowerShot A80 ist die Digitalkamera für kreative Ansprüche. Ihre hochwertige Ausstattung reicht von einem 4-Megapixel-CCD-Sensor bis zum optischen 3fach-Zoom-Objektiv. So fangen Sie selbst kleine Details mit beeindruckender Schärfe ein. 14 Belichtungsfunktionen inkl. 2 Custom-Funktionen geben Ihnen die kreative Freiheit, die Sie sich wünschen. Und mit dem dreh- und schwenkbaren Display gelingen Ihnen Aufnahmen auch aus ungewöhnlichen Perspektiven. Schön, dass Sie Ihre Bildergebnisse mit Direct Print- oder PictBridge-kompatiblen Druckern direkt in den Händen halten können – und sofort sehen, wie sich Ihre fotografischen Fähigkeiten weiterentwickelt haben. Denn wenn Sie erst merken, was die PowerShot A80 alles kann, können Sie schon bald ungeahnte Talente an sich selbst entdecken. Weitere Infos unter www.canon.de.

you can
Canon

Euro 2004
PORTUGAL
OFFIZIELLER PARTNER

SIE
FREITAG

Text: Verena Lugert, Fotos: Andri Pol

Was aus der Schweiz kommt, hat einen guten Ruf, ist chic, edel, präzise und schmeckt. Warum? – Die Unternehmer hier haben einfach die besten Ideen. Und ein Händchen für Geschäfte mit Stil

Die Schweizer Macher +

+ Daniel und Markus Freitag Taschendesigner

Tief in den eigenen Taschen sitzen Daniel und Markus Freitag. Ihre Modelle aus Lkw-Planen sind längst Design-Klassiker

Freitag-Brüder? Sonntags-Kinder! Es ist ja so, dass vieles ungerecht verteilt ist im Leben und auf der Welt. Können, Ideen, ein Aussehen wie gemalt. Ein Aufwachsen, geborgen und doch schillernd. Mit einer Kunsttherapeutin als Mutter und einem Werbetexter als Vater. Auf einem alten Bauernhof vor Zürich, mit einem kreativen und schönen Bruder bastelnd die glückliche Kindheit verbringend. Vielleicht beschlossen Daniel (32) und Markus (33) Freitag ja gerade deswegen, ein soziales Gewissen zu entwickeln und ihr Leben dem Wahren und Guten (das durchaus schön sein darf) zu widmen.

Sie sind erfolgreiche Geschäftsmänner, haben ein Produkt erfunden, das politisch so korrekt wie ein Jute-statt-Plastik-Sack, aber hochtrendy ist: die Kuriertasche aus alten Lkw-Planen, Autogurten und Fahrradschläuchen.

2003 feiern sie zehnjähriges Firmenjubiläum, die Ur-Tasche hängt im Zürcher Museum für Gestaltung und seit kurzem haben sie es schriftlich: Die Freitag-Tasche kommt in die Design-Sammlung des New Yorker MoMA, des Museum of Modern Art.

„Wir hatten kompostierende Eltern," sagt Daniel Freitag. Er meint, das Kompostieren der Eltern hätte den beiden das Recycling zumindest nahe gelegt. Da sitzt er, feingliedrig, dunkelhaarig und gelöst. Mit Flip-Flops an den Füßen.

Der Freitag-Mythos hat seinen Ursprung in Zürich, der sauberen Stadt an der Limmat. Da waren die beiden führerscheinlosen Brüder bei Wind und Wetter auf dem Fahrrad unterwegs und suchten nach einer Tasche, die viel aushielt, bequem auf dem Rad war und ihren Inhalt schützte.

Irgendwann kam Markus mit einer uralten, stinkenden Lkw-Plane an. Die haben die beiden in der Badewanne geschrubbt. Sie probierten aus, entwarfen, verwarfen, säumten die Kanten mit alten Fahrradschläuchen und nähten gebrauchte Sicherheitsgurte als Träger an.

Sie wurden auf der Straße auf ihre Taschen angesprochen, jeder wollte sie haben. So begann ein weltweiter Hype um den „Abfall zum über die Schulter hängen" (Neue Zürcher Zeitung). Zum Teil in Behindertenwerkstätten genäht, wurden die Freitag-Taschen zur Trägersubstanz eines Lebensgefühls zwischen cool und bewusst. Außerdem bedienten sie das Verlangen nach Individualität: Jede Tasche ist ein Unikat, sorgsam vor dem Verkauf fotografiert.

Ebenso häufig werden die Taschen von bösen Beutelschneidern kopiert: von Labels wie Ehrenwert und ichichich und von der Schweizer Handelskette Migros, die flugs die Donnerstags-Tasche erfand. Dem Hersteller Lee passierte Peinliches: Er kopierte versehentlich eine Tasche aus der Linkshänder-Edition – die Fehler der Kopisten.

Was ärgert bei Freitag, ist „der unsensible Umgang der Nachahmer mit unseren Taschen", sagt Daniel. Und für einen Augenblick wirkt er fast betrübt.

Ivan Pictet Bankier

Das Bankhaus von Ivan Pictet verwaltet 110 Milliarden Euro. Der Gentleman haftet persönlich

Wo das Geld sein Zuhause hat: bei Ivan Pictet, Privatbankier in Genf. Im 13-stöckigen Bankhaus Pictet, der renommiertesten Privatbank Europas, führen acht Stockwerke in die Höhe – und fünf in die Tiefe. Zu den Stollen, den Zwergen, den Trollen? Zu den Nummernkonti, Goldreserven und Geldwaschanlagen? Die Fantasie läuft heiß.

„Geld muss rein sein", sagt der 59-jährige Grandseigneur, dessen schriftliche Anrede N. S. ist – Notre Sieur, eine altertümliche Reverenzerweisung der Angestellten. „Ist es nicht rein, verliert eine Bank in einer Stunde den Ruf, den sie sich in 200 Jahren aufgebaut hat."

Und Nummernkonti, deren Inhaber die Bank nicht kenne, gebe es sowieso nicht: „Seit 1977 müssen per Gesetz alle Banken ihre Kunden kennen."

Diskretion ist wichtig. Damit man beim Mittagessen mit Kunden nicht die verschwiegenen Wände verlassen muss, bereiten Köche den Hummer au beurre des fines herbes im Bankhaus zu. Täglich gibt es neue Menükarten mit Pictet-Emblem und rotgoldener Kordel.

Grüner Marmor, Türsteher von präsidialer Würde, exquisite Orchideenbouquets. Die Rezeptionistin in einem Tailleur von einschüchternder Eleganz. Die Schritte schweben auf dickem Teppichvlies. In den Ecken stehen tiefe Fauteuils. Die Wände sind bespannt mit Seidentapeten und mit Malereien und Stichen behängt, die ein einziges Thema bebildern. Genf, Genf und den Genfer See.

„Meine Familie ist die älteste in dieser Stadt", sagt Pictet. Der Stammbaum reicht bis 1344 zurück, die Pictets sind Bankiers in der achten Generation. Und wäre kein Pictet mehr dabei, würde das Traditionshaus seinen Namen verlieren.

„Doch das passiert nicht," sagt Pictet und entkleidet mit schlanken Fingern, an denen Siegel- und Ehering blitzen, ein Praline. Eine Tochter ist Physik-Doktorandin in Genf, die andere studiert Literatur und lebt in Berlin-Kreuzberg, der Sohn studiert Wirtschaft.

Ivan Pictet ging in England zur Schule, studierte in St. Gallen und arbeitete bei der Investmentbank Morgan Stanley in New York, bevor er bei Pictet einstieg und einer von heute neun Partnern wurde.

Ein Privatbankier haftet solidarisch und unbeschränkt mit seinem Privatvermögen für die Firma. Und das kann angesichts der verwalteten Geldmengen empfindliche Konsequenzen haben. Darum meidet man das Risiko und wirtschaftet konservativ.

„Mehr als 110 Milliarden Euro werden hier verwaltet," sagt Pictet, und wirkt dabei gar nicht besorgt. Er streicht sich mit der Hand durch das Silber seiner Schläfen, das im Anthrazit des Anzugs aufgenommen wird. Und wäre er ein Kater, man meint, er würde schnurren dabei.

Wie die Kindlein liegen sie da, die goldgelben Käselaiber. Aufgereiht auf Stahlregalen reifen sie im Klostergewölbe der Vollendung ihres Geschmacks entgegen.

Judith Odermatt-Crowley zieht die Tür wieder zu, vorsichtig, als wolle sie die Kinder nicht wecken. Die 34-Jährige und ihr Vater betreiben die Käserei, den Laden und das Bistro im Benediktinerkloster in Engelberg in der Zentralschweiz.

Käsermeister Ernst Odermatt hatte einst einen Traum: von einer Schaukäserei, von einer harmonischen Verbindung zwischen Landwirtschaft und Tourismus, von einem Laden und einem Restaurant. Und schön sollte alles sein und den allerhöchsten Qualitätsansprüchen genügen.

Es blitzt und blinkt in der Käseküche, im Gastraum stehen die Menschen in Trauben vor der Verkaufstheke, das Bistro ist belebt, und alle schauen gebannt in den Glaszylinder in der Mitte des großen Raumes: Darin sind Käser zugange. Sie demonstrieren den Weg von der Milch zum Käse.

Schon im 17. Jahrhundert stellten die Engelberger Benediktinermönche Käse her, verkauften ihn über die Alpen nach Italien und tauschten ihn gegen Seide und Wein. Dann, vor 100 Jahren, verpachteten sie die Käserei.

Judith Odermatt besuchte nach dem Abitur die Tourismus-Fachschule und lernte dort Dinge, die ihr später, als es um die Verwirklichung des väterlichen Traumes ging, noch sehr nützlich sein sollten. Doch erst einmal arbeitete Judith in Grandhotels, heiratete und ging mit ihrem Mann in dessen Heimat: nach Amerika.

Irgendwann war der Tag, als ein Bauer aus der Nachbarschaft zu Ernst Odermatt kam und sagte: „Ernst, der Pächter der Klosterkäserei verlängert seinen Pachtvertrag nicht."

Judith kam heim aus Amerika. Vater und Tochter überzeugten die Mönche. Sie entwickelte Marketingkonzepte, der Vater erfand die „Engelberger Klosterglocke," einen Weichkäse. Einstimmig wählten die Mönche am Ostermontag im Jahr 2000 die Odermatts unter den Mitbewerbern aus.

Während sich Odermatt erinnert, lässt er seine Blicke durch den Raum aus dem Fenster schweifen. Draußen tut sich ein atemberaubendes Panorama auf, Berge türmen sich in den tiefblauen Himmel, von der Klosterkirche wehen Glockenschläge herbei.

„Das Verhältnis zum Kloster ist bestens," sagt Ernst Odermatt. Die Benediktiner lieben seinen Käse und kommen einmal im Jahr zum Fondue-Essen. Dann zieht eine Karawane in schwarzen Kutten würdig und erwartungsvoll vom Kloster zur Käserei.

Ernst Odermatt Käsermeister +

Heiligs Chäsli! Auch die Ordensfrauen schätzen Odermatts Käserei im Benediktiner-Kloster

„Es war einmal ein Lattenzaun, mit Zwischenraum, hindurchzuschaun. Ein Architekt, der dieses sah, stand eines Abends plötzlich da – und nahm den Zwischenraum heraus und baute draus ein großes Haus…“

Christian Morgenstern – gelesen von Andreas Reinhard. Strahlend wie ein großes Kind. „Das ist es, was ich mache. Mit Luft bauen.“

Reinhard (47) ist Flieger und Erfinder. Bauen mit Luft? – „Luft ist der einzige Rohstoff auf der Welt, der unerschöpflich vorhanden ist.“ Der Mann hat ein aufblasbares Flugzeug erfunden. Ein Flugzeug, das aussieht wie ein silberner Stachelrochen. Und fliegt.

Der Konferenzraum von Reinhards Firma Prospective Concepts in Glattbrugg ist mit Skulpturen des Schweizer Künstlers Yvan Pestalozzi geschmückt. Poetische Gebilde aus Draht, Papier und Lehm. Kunstwerke, die von Mut und von Träumen handeln, vom Fliegen und vom Fallen.

Wie die zweiteilige Plastik „Ikarus“: Ein Wesen mit auf die Schultern geschnallten Flügeln steht hoch über einer gaffenden Menge. Das nächste Bild: Das Wesen liegt am Boden, zerschellt, die Flügel zerborsten.

„Erfinden heißt auch Scheitern“, sagt Andreas Reinhard. „Doch Scheitern bereichert.“ Der Erfinder lächelt.

Auch er ist gefallen, schon zweimal: Einmal fiel er vom Himmel. Der Fallschirm öffnete sich nicht. Doch er fiel in die einzige Tanne weit und breit; die hat ihm das Leben gerettet.

Ein anderer Fall mit dreiunddreißig Jahren: Andreas Reinhard hatte sich mit einer Firma selbstständig gemacht, hatte einen Anzug entwickelt, der Kampfpiloten die Wirkung der Fliehkraft besser ertragen lässt. Doch von einem Tag auf den anderen kündigte die Bank den Kredit. Ihm blieb nichts anderes übrig, als Konkurs anzumelden.

Der Erfinder vermietete seine Wohnung, ging zwei Monate als Skipper auf See. Als er wiederkam, wusste er: Ich mache weiter. Denn Frust, sagt er, sei eine hervorragende Triebfeder. Die katapultierte ihn wieder ganz nach oben, in den Himmel, in die Luft.

Reinhard entdeckte seine Begeisterung für das Bauen mit dem Zwischenraum. Da war die Idee mit dem Flugzeug aus Luft – der „Stingray“. Reinhard, auch Taucher, beschäftigte sich mit der Form des Meeresrochens, prüfte, rechnete, verwarf.

Der Erfinder und der Traum vom Fliegen. Reinhard mit dem Modell seines Flugzeugs „Stingray“

Ein Weltkonzern wurde Auftraggeber. Reinhard entwickelte Kammersysteme, stabilisierte und formte mit Fasern und Röhrchen, bis er auch einem simplen Schlauchboot die schnittigsten Formen geben konnte. Konkretisierte und probierte immer wieder. Scharte eine Armee von Ingenieuren, Elektronikern und Designern um sich, Geburtshelfer für sein Baby. Stellte es in den Windkanal, testete es in Frankreich und Tschechien mit Aerodynamikern und Militärpiloten.

Dann der Erfolg: Vor fünf Jahren flog ein Gefährt durch den Schweizer Himmel, eine Mischung aus Fisch und Gürteltier. Ein Flugzeug aus Luft und Polyesterfasern. Es flog.

In Reinhards Büro steht aus Draht gebogen ein Bettchen mit Propellern und Flügeln. Eine weitere Plastik von Yvan Pestalozzi.

Reinhard baut sie nach, ein Bett in Originalgröße. Bald soll es den Himmel durchmessen, und er will am Steuer liegen. Wie heißt die Skulptur? Reinhard lächelt: „Der Traum vom Fliegen.“

Andreas Reinhard Erfinder

Ein Pilotenanzug, der die Fliehkraft besser ertragen hilft, führte Reinhard in den Bankrott. Dass er weiter forschte, half ihm wieder heraus

Felix Deatwyler
Designer und Confiseur

Zürich, Café Schober. Eine Explosion aus Papierblüten. An den Wänden, an der Decke, in Vasen und Füllhörnern stehen und hängen Dolden und Rispen, Knospen und Kelche, Blattwerk und Gräser.

Dazwischen allerfeinste Schokolade, Bonbongläser mit Kunstwerken aus Zuckerguss, Röschen, Brieftauben, Veilchenblüten, getrocknet, gezuckert.

Damen mit schneeweißem Dutt und duftigen weißen Schürzen verpacken Pralinés und bringen den Gästen heiße Schokolade von hauseigenen Kühen.

„Wladimir Iljitsch Lenin hat hier gesessen und seine Rechnungen nicht bezahlt. Dann ist er aber zum Glück wieder heim, nach Russland, Revolution machen. Gut, dass er die nicht bei uns gemacht hat," seufzt Felix Deatwyler so erleichtert, als sei man damals gerade noch davongekommen. Eine kommunistisch-karge Schweiz hätte sich in der Tat schwerlich mit Deatwyler in Verbindung bringen lassen. Sein Geschäft ist die Süße, der Luxus, die Form. Die Üppigkeit und der Genuss.

Felix Deatwyler und Dolf Teuscher, beide 55, sind Inhaber des Café Schober und der Confiserie Teuscher. Teuscher gibt es in Zürich, in Genf, in New York, Tokio und Singapur. Ihre Champagnertrüffel, Schokolade und Pralinés werden von Sultanen und Königinnen, Supermodels und Popstars vernascht.

Es war 1968. Die Jugend wollte die Welt verändern, und Deatwyler und Teuscher wollten sie süßer und schöner machen.

Die beiden Schulfreunde taten sich zu einem kongenialen Team zusammen: Teuscher ist Spross der Traditionsconfiserie, die 1949 die Champagnertrüffel erfand. Deatwyler ist ausgestattet mit einem Kunststudium, überbordenden Dekorationsideen und einer illustren Herkunft – die Mutter war Bildhauerin, der Vater Rennreiter und mit dem äthiopischen Kaiser verwandt.

„Schokolade ist braun oder weiß, hell oder dunkel – ich wollte den Laden bunt haben," sagt Deatwyler und umfasst liebevoll eine Papierblume. Mehrmals im Jahr verwandelt ein Team von 30 Leuten innerhalb einer Nacht den Laden in einen neuen Blütentraum. Dann geht es weiter – die Crew reist um die Welt zu den anderen Läden.

Die eigenen Qualitätsansprüche an die Trüffel sind extrem hoch, es werden nur die besten Rohstoffe verwendet, die Früchte für die Konfitüren kommen von den eigenen Obstwiesen. „Alles, was wir machen, ist ein Erfolg," sagt Deatwyler. Dann wird gewiss auch das neue Vorhaben ein Volltreffer: das Café Schober eins zu eins in Japan nachzubauen. Die Tokioter reißen den Verkäufern die Teuschertrüffel sowieso aus den Händen. Und das bei Preisen von sechs Dollar – pro Stück. Gut, dass Lenin das nicht mehr hat erleben müssen.

Schöne, süße Welt: Deatwylers Pralinés sind ein Kunstwerk. Wie die Dekoration seiner Confiserie – Deatwyler ist auch Profi für Design

Robert Barth Mr. Rivella

Gesunde Gewinne: Robert Barths Kräuterlimonade auf Molkebasis ist heute Schweizer Kultgetränk

„Rivella war der erste Functional Drink“, sagt Dr. Robert Barth, Erfinder von Rivella und Firmenpatriarch und Philantrop. Rivella ist die Schweizer Kultlimonade – auf Molkebasis mit Auszügen aus Alpenkräutern.

Der 81-Jährige sitzt in seinem Büro, blickt aufmerksam durch die dicken Brillengläser und erzählt: wie er nach dem Zweiten Weltkrieg als Kommandant eines Lastwagenkonvois Deutschland mit Hilfsgütern versorgt hat und dabei die Schweizerin Gerty kennen lernte. Dass er sie heiratete und mit ihr eine Zukunft plante, die auf einem Rezept basierte und auf einer großen Vision.

Vor mehr als 50 Jahren gelangte dem damaligen cand. iur. Barth ein Rezept in die Hände für ein Bier, das aus Molke gewonnen wurde. Barth erinnerte sich an die Molkekuren, die man früher der Gesundheit zuliebe auf sich nahm.

Das war es: Gesundheit. Ein gesundes Getränk wollte er brauen, kein Bier, sondern eine sprudelnde Molkebrause mit dem Aroma von Alpenkräutern. Eine Limonade für Sportler und Kinder, die aber auch „den Gaumen des Weintrinkers nicht beleidigte.“

Die ersten Versuche startete der junge Mann in seiner Badewanne, kam aber bald ans Ende seines Könnens: Ein Naturwissenschaftler musste her. Barth beendete sein Jurastudium und gründete das „Milkin-Institut Robert R. Barth“. Hier sollte der neue Zaubertrank hergestellt werden. Nun brauchte das Kind nur noch einen Namen.

Barth wälzte Kursbücher, Lexika, Wörterbücher. Und wurde fündig: Das Tessiner Dorf Riva San Vitale erschien ihm als würdiger Pate. Doch nach Schweizer Recht sind Ortsnamen geschützt. Dann eben das Wörterbuch. Riva- ..., Rive- ... .: La Rivelazione, die Offenbarung! Das war sie auch. Rivella.

Rivella erhob sich am Markenhimmel. Heute gibt es die Molkebrause in drei Geschmacksrichtungen, und in der Schweiz hat sie einen Bekanntheitsgrad von 98 Prozent. Von den 300 Mitarbeitern sind einige schon seit Jahrzehnten bei Rivella. Auch zwei der drei Barth-Kinder arbeiten im Betrieb. Der Senior gab im Jahr 2000 das Präsidium des Verwaltungsrates an den Sohn Alexander ab. Zwei Jahre später feierte Rivella 50-jähriges Jubiläum. Wenn Robert Barth zurückschaut, sagt er: „Wir mussten oft unerwartete Schwierigkeiten aus dem Weg räumen; wir haben aber auch viel geschenkt bekommen. Es ist wie beim Jass, dem Kartenspiel: Man kann gute Karten haben, aber man muss auch zu Jassen verstehen.“

Und wäre das geheimnisvolle Brause-Rezept damals eine Karte gewesen – Barth hat sie zu spielen gewusst, als er alles auf sie setzte. □

Verena Lugert, Jahrgang 1973, lebt als freie Journalistin in Berlin.

Allein unter Kühen. Jedes Tier, das zum ersten Mal auf die Alp kommt, muss Hirte Martin erst langsam kennen lernen. 18 Kühe sind 18 Individualisten

Text: Ulrich Ladurner, Fotos: Didier Ruef

Die Natur bestimmt den Rhythmus der Arbeit. Nicht die Richtlinien der EU. Das Wetter und die Gesundheit der Tiere entscheiden über Wohl und Wehe der Bauern, die in den Höhen der Schweizer Berge wirtschaften

Allein am Berg und Gott ganz nahe

Im täglichen Trott liegt die Kraft und die Ruhe – und für manche das Ziel

Wo der Hang sich gegen Maschinen sträubt, geht es nur Schnitt für Schnitt voran. Eisennägel in den Sohlen geben Toni beim Heuen Halt

Schritt halten mit der Natur

Als Kind waren Michele die Ziegen heilig, wundersame Begleiter in karger Felswelt. Heute gibt er seinem Vater Recht: Sie machen weniger Arbeit als Kühe

Die Saison ist vorüber. Die Hirten am Aletschgletscher treiben die Schafe auf einem Saumpfad hinunter zur Belalp. Ein Abenteuer am Rande des Abgrunds

Alpenkarawane am Abgrund

Coca-Cola für die Kühe

Martin ∗ Oberhornalp, Lauterbrunnental

Wellen aus Eis hängen über die terrassenförmige Moräne. An ihrem äußeren Rand steht die Oberhornalp-Hütte hinter schützenden Felsen. Ein lang gestrecktes Gebäude, der Stall, und darauf gesetzt eine kleine Hütte, ein Wohnplatz für den Hirten Martin. Ein Tisch, zwei Bänke, Schlafplätze, ein Ofen. Draußen baumlose Landschaft, durchsetzt mit Felsplatten, der Boden bewachsen mit Gras, Sträuchern, Disteln; 18 Kühe, ihr Glockengeläut, einmal deutlich vernehmbar, einmal gedämpft, je nach Windrichtung, aber immer hörbar, eine nie enden wollende Kakophonie.

Morgens geht Martin in die nachtkalte Luft hinaus und ruft die Tiere. Er zählt sie und steigt hinunter, um sie zum Stall zu treiben. Während er ihnen mit dem Stock leicht auf den Rücken schlägt, wirft er einen prüfenden Blick auf den Bauch der Tiere. Wenn sie junges, nasses Gras fressen, kann es passieren, dass sich ihr Pansen bläht und auf die Lunge drückt. Die Kuh erstickt dann in ein paar Stunden, wenn Martin nicht rechtzeitig etwas unternimmt. Er gibt dem Tier dann Coca-Cola, damit es die Blähungen loswird. Hilft das nicht, muss er den Pansen aufstechen. Er stösst mit einem spitzen Gegenstand an der linken Seite des Rückens, an der Hungergrube, durch das Fell – dann zischen die Gase aus der Kuh wie aus einem leckgeschlagenen Ballon.

Vierzehn Tage braucht Martin, um die Tiere, die zum ersten Mal auf die Alp kommen, kennen zu lernen. Sie brauchen ebenso lange, um sich an ihn zu gewöhnen. Dann geben sie bereitwillig ihre Milch, 15 Liter pro Tag. Die im Tal lachen darüber, sagt Martin. 15 Liter, ein Spott in Zeiten der Turbokühe.

„Hier ist für mich Amerika"

Ursla und Reto ∗ Ftan, Unterengadin

Reto und ich wollten nach Amerika. Ein Fluchtpunkt, der einmal mehr, einmal weniger ins Blickfeld rückte. Aber ich habe sehr schnell begriffen, dass er nie nach Amerika gehen wird. Er würde nach Ftan zurückkehren. Ausgerechnet ein Pferd brachte uns dorthin.

Als wir uns kennen lernten, sprach er nicht über seine Heimkehr. Er selbst wusste zu jener Zeit nichts über seine Sehnsucht. Er redete über seine Vergangenheit, als hätte er die Nabelschnur durchtrennt. Er sprach nie Rätoromanisch, aber er lebte weiter in seiner Muttersprache. Ich wusste, dass ich ihm eines Tages folgen müsste.

Der einzige Ausweg, der mir blieb, war, diesen Mann zu verlassen. Aber das kam für mich nicht in Frage.

Nächtelange Gespräche gingen der Rückkehr voraus, Rechnereien, Kalkulationen über Maschinen, Investitionen. Eines Nachts, als er ängstlich und mutlos war, sagte ich zu ihm: Ein Pferd, warum nehmen wir nicht ein Pferd? Die entscheidende Idee. Es entsprach unseren Vorstellungen von der Arbeit. Wir wollten den Hof ohne Maschinen, möglichst im Einklang mit der Natur bewirtschaften. Wir waren anders geworden und wollten als Andere zurück. So kam es, dass uns, die wir geträumt hatten, nach Amerika auszuwandern, ausgerechnet ein Pferd den Weg ins neue Leben ebnete. Ftan ist für mich seither Amerika.

Im Stall verloren wir das Gefühl für Raum und Zeit. Ich legte beim Melken meine Stirn an die warmen Körper der Kühe, ließ mir von den Ziegen aus der Hand fressen, päppelte Lämmer hoch und lernte, in den Gesichtern der Schafe zu lesen. Wenn wir nach der Stallarbeit hochstiegen in die Küche, benommen vom schweren, heißen Atem der Kühe, dem scharfen Geruch der Schafe und Ziegen, war mir als käme ich von einem tiefen Grund, einem Ort jenseits der Zeit – es war kein Stillstand, es war Ruhe. Wir waren angekommen in Amerika.

Eine Seilbahn für die Heuballen

Toni ∗ Wolfenschiessen, Engelbergertal

Toni unternimmt jeden Morgen einen Kontrollgang über die Hänge der Kernalp. Bevor er losgeht, sucht er mit dem Feldstecher nach den Rindern. Er legt sich einen Plan zurecht, wie er auf kürzestem Weg zu allen Tieren kommt. 110 Rinder sind den Sommer über in seiner Obhut. Nachts könnte ein Rind in den Abgrund stürzen oder sich zwischen Felsen verlaufen, mitunter wird es krank. Toni zieht die Schuhe mit Eisennägeln an, um nicht auszurutschen, und manchmal schultert er eine Sense.

Auf seinem Gang überprüft er auch die Zaunpfähle. 7000 braucht er insgesamt, um die Weiden der Kernalp und der Oberalp einzuzäunen. Toni und seine Söhne holen das Holz

Gemeinsam den Berg und das Heu bezwingen. Ursla und Reto beladen den Anhänger.

Die Kunst, miteinander umzugehen.
Der Sommer mit den Hirten ist vorüber.
Die Schafe werden von ihren Besitzern
aus der Menge gesucht und heimgeholt

Miteinander in der Einsamkeit

Das Fenster zum Hof. Mensch und Tier leben hier Tür an Tür

im Sommer aus dem Wald, schälen, schneiden und spitzen es in der eigenen Sägerei. Die frisch bearbeiteten Holzpfähle lagern sie unter dem Vordach der Scheune, im Wald oder am Wegesrand. Rund 1000 müssen jedes Jahr er setzt werden. Bei Wintereinbruch sammeln sie die Pfähle ein oder legen sie ins Gras, damit sie nicht unter dem Gewicht des Schnees einknicken. Die kilometerlangen Drähte rollen sie ein. Wenn der Schnee geschmolzen ist, rammen sie die Pfähle in die Erde wie Nomaden, die ein Zelt unter freiem Himmel errichten.

Breitbeinig stehend hebt er den Feldstecher an die Augen. Sein Blick bleibt an den primitiven Materialseilbahnen hängen, welche die steilen Wiesen der Oberalp überziehen. Damit werden zentnerschere Heuballen zu den Scheunen transportiert. Toni war drei Monate alt, als sein Vater von einer dieser Seilbahnen stürzte und sich das Genick brach. Er stellt sich den dumpfen Aufprall des Körpers vor, dann das Zischen des bergab rasenden Heuballens.

Er wollte klettern wie die Ziegen

*Michele * Alpe Fornaa, Verzascatal*

Schon als Kind ist Michele hier gewesen. Er hat sich den Weg über die Moräne gebahnt, Treppen gefunden wo keine Treppen sind, gelernt, die Steine zu umgehen, den kürzesten Weg zu finden zu den Ziegen, die noch im Schutt des Berges nach Gras suchen.

Als Kind brachten ihn die Ziegen zum Lachen, wenn sie ihre Hörner an seinen schmächtigen Rücken rieben. Er gab den Tieren Namen. Wenn sie ihn anschauten, fühlte er sich verstanden. Er ernannte sie zu seinen Begleitern in einer Bergwelt, die damals noch offen und verheißungsvoll war. Er beobachtete mit Staunen, wie leicht die Ziegen über Abgründe und Spalten sprangen, wie sie fast schwebend den Boden überwanden. Er wollte es ihnen gleichtun. In den Träumen, in manchen Nächten, flog er schwerelos über Trümmergestein. Aber die Begeisterung über die wundersamen schwarzen Geschöpfe erlosch bald, erstickt von den groben Händen des Vaters, der ohne Sentimentalität nach den Tieren griff und ihnen die Milch aus dem Euter drückte. Er wurde erwachsen, und der Zauber verschwand, bis nur mehr die dürre Einsicht blieb, dass Ziegen weniger Arbeit machten als Kühe und dass dies der einzige Grund sei für ihre Existenz.

Dies waren die Worte des Vaters, und Michele sagt nun denselben Satz: Sie machen weniger Arbeit. Alles andere ist kindliche Schwärmerei.

Warten und Hoffen

*Adolfo * Bondo, Bergell*

Um drei Uhr morgens ist die Nacht noch sternenklar, aber Wind rauscht in den Bäumen, und Adolfo fürchtet, dass es regnen wird. Noch im Halbschlaf riecht er die feuchte Luft, die durch das Fenster ins Zimmer fließt. Als es hell wird, fallen dicke Regentropfen. Er steht auf und geht vor das Haus. Er schaut zuerst auf das Bondasca-Tal. Aus dem engen, bewaldeten Spalt quillt dichter Nebel. Noch ein paar Stunden Arbeit, und das erste Heu dieses Jahres wäre eingebracht. Aber jetzt ist das Gras nass. Er geht in die Küche und kocht sich einen Kaffee. Gestern ist ein wolkenloser Sommertag gewesen. Die Luft sei zu durchsichtig für einen Junitag, hat er seinem Sohn gesagt. Aber mit Regen hat er nicht gerechnet.

Warten. Adolfo geht in den Stall hinunter und schaut dabei immer wieder nach oben. Die Wolkendecke schimmert im Norden weiß. Sie ist dünn. Vielleicht bricht sie auf.

Der Stall ist leer, der Boden sauber gefegt. Die fünf Kühe sind seit Wochen auf der Alp. In ein paar Jahren wird der Stall für immer leer bleiben. Adolfo ist 68, noch hat er die Kraft zum Arbeiten, aber er weiß, dass es nicht mehr lange gehen wird. Sein Sohn will nicht weitermachen. Bis jetzt nicht. Adolfo hofft immer noch. Er will nicht glauben, dass nach ihm keiner mehr kommt. Auch er ist nach seinen Eltern gekommen, fraglos hat er ihre Arbeit fortgesetzt. Viel war es nicht, ein paar Kühe, ein wenig Land, genug, dass es seinem Leben die Richtung gab. Wenn er seine Kühe verkauft haben wird, dann wird er Trauer empfinden. Dass nach ihm keiner mehr kommt: dafür hat er kein Wort, nur ein Achselzucken.

Schafe, Sonnenbrillen und Musik

*Belalp, * Aletschgletscher*

Die Hirten treiben die Herde ins Tal, das sich wie ein Flaschenhals verengt. Im Flaschenhals warten scharfkantige Steine. Die Schafe bocken. Die Schafe stolpern. Die Schafe bluten. Die Hirten schlagen mit Peitschen auf ihre Rücken. Ihr Knall erstickt in der Wolle. Die Schafskörper zucken und pressen sich dicht aneinander. Sie drücken ihre Angst weg.

Ein klaffender Abgrund. Wasser tobt. Ein Weg bohrt sich in den schwarzen Fels. Er saugt die Schafe in sich hinein. Schaulustige sitzen zwischen glatten Steinen. Die Ferngläser

ser ziehen die Schafe ans Auge. Die Wolle wogt im Rhythmus der Schritte. Aus den Mäulern trieft Speichel. Steine fliegen in den Abgrund und zeichnen Bögen in die Luft. Das Holz der Brücke dröhnt.

Die Schafe sind erschöpft. Sie zittern. Ihre Augen sind feucht. Sie haben ihr Blöken verschluckt. Die Hirten schwitzen. Unter ihren Augen liegen Schatten.

Die Belalp. Die Terrasse ist überfüllt mit Menschen. Sie halten ihr Gesicht in die Sonne und trinken Bier. Der Geruch nach Bratwürsten und Senf schwimmt in der Luft. Eine Musikgruppe spielt auf. Indios verkaufen Indiohüte. Es ist heiß. Die Schafe haben Verspätung. Immer mehr Indiohüte sitzen auf Schweizerköpfen. Unter den Indiohüten spiegeln Sonnenbrillen die Gletscherzunge. Schief hängt eine Wiese unter der Kapelle, und die Wiese ist behängt mit Menschen.

Die ersten Schafe kommen. Der Hirt geht gekrümmt. Nebel hockt in seinen Knochen. Eine Schaf springt auf den Hang unter der Kapelle. Die Menschen laufen auseinander, und der Hirt schwingt seine Peitsche. Das Schaf erschrickt und rennt zurück zu seiner Herde. Es presst seine Gesicht an die Körper der anderen Schafe.

Die Schafe kommen in Gruppen auf den Platz. Zwischen den Gruppen ist viel Abstand. In den Abstand drängt sich die Langeweile. Die Langeweile kriecht auf die Gesichter der Zuschauer. Die Musik spielt nicht mehr. Es riecht nicht mehr nach Bratwürsten. Immer mehr Indiohüte gehen Richtung Seilbahn. □

Ulrich Ladurner, *Jahrgang 1962, ist politischer Redakteur der* ZEIT *in Hamburg.*
Didier Ruef, *geboren 1961, ist freier Fotograf in Lugano. Autor und Fotograf porträtierten Bergbauern aus dem Wallis, dem Berner Oberland, der Innerschweiz, aus dem Tessin, Italienisch- und Romanischbünden für ihr Buch „Bauern am Berg", das im Offizin-Verlag erschien.*

Noch hat er die Kraft anzupacken. Dass nach ihm vielleicht keiner mehr kommt, der den Hof übernimmt, mag Adolfo nicht glauben

Die Nachbarn sind die Berge

Fotos: Benno Kraehahn

„Bei uns in der Schweiz ist alles etwas langsam, und das genieße ich sehr!“ MERIAN traf den berühmtesten Schweizer unserer Tage: DJ BoBo im Gespräch mit Corinne Ullrich

Merian: Wieso eigentlich die Schweiz?
Wieso nicht?

Sie treten an den schönsten Orten der Welt auf und sind überall ein Star. Andere träumen davon, dort zu leben …
Ich nicht. Ich bin Schweizer. Ich war an den erstaunlichsten Orten, aber mir war immer klar, dass ich in der Schweiz bleiben und leben würde.

Hat die weite Welt Sie nie gereizt?
Zum Reisen schon, zum Leben nein. Was soll ich in anderen Gefilden, wenn ich niemanden kenne? In der Schweiz habe ich meine Freunde, mit denen ich im Sommer Fußball und im Winter Eishockey spielen kann. Außerdem habe ich das Privileg, sehr schön zu wohnen, in der Nähe des Vierwaldstätter Sees, auf einem Hügel mit traumhaftem Blick. Unten liegt mein Schiff. In einer halben Stunde bin ich am Engelberg zum Skifahren …

Abgesehen vom Heimatgedanken und den Bergen, was mögen Sie an der Schweiz?
Die Menschen, das Familiäre ... Bei uns in der Schweiz ist alles etwas langsam, und das genieße ich sehr. Ich kann gut abschalten – auch wenn ich mein Büro hier habe. Es ist eine Oase der Ruhe.

Und was hassen Sie an der Schweiz?
Manchmal, im Herbst oder im Winter, wenn so Scheißwetter ist, denke ich schon, ich möchte weg. Aber sonst …

Und wohin wollen Sie dann?
Okay, ich gebe es zu: Ich denke ernsthaft über Hawaii nach, da hat es mir gefallen. Wenn es nur nicht so weit wäre. Aber ich würde nicht in Honolulu leben, sondern lieber auf einer kleineren Insel, ein bisschen abseits. Hawaii hat auch den angenehmen Vorteil, dass es dort keine Europäer gibt. Da erkennt mich keiner.

Wie ist das in der Schweiz?
Ich gehe nur in die Bäckerei, weil die ganz klein ist. Und das ist okay. Aber ich nehme nicht am Dorfleben teil. Einen Supermarkt habe ich sicher seit sieben oder acht Jahren nicht mehr besucht, es sind einfach zu viele Menschen da. Auch wenn ich da wohne, ist keine Normalität eingekehrt. Wenn ich in der Öffentlichkeit auftauche, haben die Menschen das Gefühl, jetzt sehe ich ihn endlich einmal, und das ist meine einzige Chance, wenn ich jetzt nicht hingehe... Und dann habe ich ja auch das Image des netten Kerls, den man jederzeit ansprechen kann. Bei einem Konzert ist das anders, da sind meine Leute um mich herum, da gebe ich gern viele Autogramme.

Aber Skifahren gehen Sie doch trotzdem, trotz der vielen Menschen auf der Piste, oder?
Skifahren ist genial – da bin ich völlig eingepackt. Wir haben diese „Verbrechermützen“, wo nur die Augen frei sind. Perfekt! Da kann ich sogar am Skilift anstehen – ohne Diskussion. Nur wenn ich spreche, erkennt man mich manchmal an der Stimme.

Wieso kommt einer der größten Musikstars der Welt ausgerechnet aus der Schweiz? Das Land ist nicht gerade bekannt für seine Musikszene …
Stimmt, sondern für Berge und Schokolade und Uhren und diese Klischees. Ich höre dann immer die Frage, wie kann man in dieser Einöde Musik machen, die der ganzen Welt gefällt? Ich denke, es spielt keine Rolle, woher man kommt, wir hören auch in der Schweiz Musik.

Erfahren Sie als Schweizer in der Welt eher Ablehnung oder Zustimmung?
Wenn ich in Amerika sage, ich bin aus Switzerland, nicken die Menschen begeistert und sagen, we love Abba. Sweden und Switzerland – das ist einfach zu ähnlich. Andererseits: Wis-

sen wir denn den Unterschied zwischen Uruguay und Paraguay?

Was war der eindrucksvollste Ort auf Ihren Reisen und Tourneen?

Ganz klar, die Mongolei. Diese vier Tage waren das größte Erlebnis in meinem ganzen bisherigen Leben! Es sind die freundlichsten Menschen, die ich je erlebt habe. Mein Konzert glich mehr einem Staatsbesuch. Dadurch, dass ich von den Mongolen nichts wusste und sie nur meine Musik kannten, war der Umgang von extremem Respekt und gegenseitiger Höflichkeit geprägt. Die Mongolei ist fast fünfmal so groß wie Deutschland, aber nur zweieinhalb Millionen Menschen leben dort. Sie sind Buddhisten, haben Schlitzaugen und hohe Wangenknochen und eine völlig andere Kultur. Und trotzdem: Die Musik geht rüber. Wir waren die ersten westlichen Künstler dort, aber – und das war das Unglaubliche – die kannten alle Songs.

Fühlen Sie sich in solchen Situationen als Botschafter der Schweiz?

Manchmal schon. Wir machen gelegentlich Gratis-Konzerte mit finanzieller Unterstützung der Schweizer Regierung. Wir sind in Sarajevo aufgetreten, außerdem in Albanien und Belgrad. Das Tolle ist, dass die Leute dort mich und meine Musik kennen.

Wie kommt es zu solch ungewöhnlichen Auftrittsorten?

Diese Konzerte laufen über die Organisation Open Hearts. Die geht zur Schweizer Regierung und sagt, wir machen ein Konzert in Pristina, Bobo würde kostenlos mitmachen, unter der Bedingung, dass die Reisekosten für die Crew und die Bühne bezahlt werden. Die Schweizer kontaktieren dann die Regierung des anderen Landes. Denn meist muss ein öffentlicher Platz herhalten, und es muss für die Sicherheit garantiert werden. Das geht dann über die internationale KFOR-Schutztruppe.

Haben Sie als Schweizer im Ausland auch negative Erfahrungen gemacht?

Ja, in der Judengoldaffäre. Dazu musste ich ein paar Mal als Repräsentant der Schweiz herhalten. Sehr unangenehm, weil ich nicht einmal Stellung nehmen konnte. Ich bin völliger Laie – von Banken habe ich nicht einmal ein Halbwissen.

Sind die Schweizer stolz auf Sie?

Sie sind und waren sehr gespalten. Neben denen, die meine Musik mögen, gibt es die, die sich fragten, wer ist dieser komische Typ mit den langen Haaren? Daumen runter! Erfolg im eigenen Land zählt nicht so richtig. Das hat sich aber durch die Dauer meines Erfolgs gelegt. Vor allem bei Schweizern, die im Ausland waren und da mit meiner Musik in Berührung kamen. Wenn die in Ägypten meine Musik hören, sind sie tierisch stolz: „He is from Switzerland, I know him, very good friend."

Was ist für Sie die schönste Ecke in der Schweiz?

Es gibt so viele in diesem kleinen Land. Ich möchte die Leute davor warnen, da hinzugehen, wo die anderen Touristen sind. Da ist es teuer und voll. Und nur 15 oder 20 Kilometer weiter ist es zünftig und freundlich. Das gilt auch beim Skifahren. Abgesehen von Davos und St. Moritz gibt es eine Reihe schöner kleiner Skigebiete. Und häufig sind die auch mit den Großen verbunden.

Ihr persönlicher Geheimtipp?

Zum Essen ist mein Favorit das Restaurant Schlüssel. Das liegt ein bisschen versteckt in Beckenried am Vierwaldstätter See. Es gibt keine Speisekarte, sondern der Wirt kommt an den Tisch und erzählt, was es gibt, sagt, er hätte heute früh ganz tolle Felchen gefangen und vor drei Monaten hätte er ein Stück Speck geräuchert, und das würde er heute anschneiden. Und dazu gibt es Blattsalat, der frisch aus dem Garten kommt. Er nimmt einen auch mit in die Küche, wenn man will. Die ist ganz klein, und nur er alleine kocht da.

Was ist für Sie Lebensqualität?

Natürlichkeit und Persönlichkeit. Ich stehe auf Holz, das knarzt, wenn man drauftritt. Auf Hotels, wo die Chefin am Morgen beim Bäcker einkauft und der Gast mit Namen begrüßt wird. Wobei ich in der Schweiz ja nie im Hotel übernachte. Das ist der Vorteil an so einem kleinen Land, ich kann immer nach Hause. □

MERIAN | INFO DJ BoBo

Schweizer Botschafter BoBo

DJ BoBo, bürgerlich René Baumann, wurde am 5. Januar 1968 in Kölliken im Aargau geboren. Der Rapper und Sänger, Produzent und Songwriter absolvierte eine Bäckerlehre, tanzte nebenher auf Disco-Wettbewerben und legte als DJ Platten auf. Die erste eigene Produktion floppte 1989. Doch Single Nummer vier, „Somebody Dance With Me", brachte im Sommer 1993 den Durchbruch.
Fast jedes Jahr erschien seither ein neues Album – mit „Visions" (2003) das insgesamt neunte. Allein in Deutschland kamen sieben Alben und acht Singles in die Top Ten. Weltweit verkaufte DJ BoBo über 12 Millionen Tonträger und wurde dafür mit unzähligen Gold- und Platinplatten ausgezeichnet. Damit kam er ins „Guinness Buch der Rekorde". 2001 heiratete er seine langjährige Freundin Nancy Rentzsch, im Oktober 2002 wurde Sohn Jamiro geboren.

Das große MERIAN-Gewinnspiel
Unter allen Einsendern verlost MERIAN tolle Gewinne.
Jede Bestellung nimmt automatisch an unserer Verlosung teil.

Angebote für Leser

In unserem Premium Shop bieten wir allen Lesern exklusive Highlights: Seltene MERIAN-Ausgaben aus unserem Archiv und einzigartige MERIAN-Sammlerstücke. Zusätzlich erhalten Sie ab einem Bestellwert von 25,00 Euro das „Best of MERIAN" gratis dazu! Für Ihre Bestellungen verwenden Sie den Coupon auf Seite 99

JUBILÄUMSHEFT

Best of MERIAN

Ein Sammlerstück, das man nicht kaufen kann! Erleben Sie faszinierende Rückblicke in die Geschichte von MERIAN! Opulente Bildstrecken, faszinierende Reisereportagen, kluge und witzige Essays, einfühlsame Stadtporträts und engagierte Sozialfotografie. Blicken Sie hinter die Kulissen: Lesen Sie wie das MERIAN-Magazin entsteht, oder wie sich MERIAN anhand von 654 Titeln im Wandel der Zeit zu Deutschlands großem Reisemagazin entwickelte. Zusätzlich beigelegt ist jedem „Best of MERIAN" eine detallierte Deutschlandkarte im Posterformat von 52 x 73,5 cm. Ab einem Bestellwert von 25,00 Euro erhalten Sie das „Heft der Hefte" kostenlos dazu. Für Ihre Bestellung verwenden Sie bitte die Postkarte auf Seite 99.

Interessante Einblicke für jeden MERIAN-Liebhaber: die Titelparade der letzten 50 Jahre. Dazu ein Blick hinter die Kulissen: wie MERIAN entsteht und wie sich MERIAN verändert hat.

MERIAN **FAMILY**

WEGWEISEND

MERIAN pcscout

Planen Sie Ihre Reise am PC. Mit über 50.000 Empfehlungen von MERIAN finden Sie in Deutschland, Österreich, der Schweiz, Norditalien und dem Elsass immer das richtige Reiseziel. Inklusive aktuellen Stadtplänen, Routenplaner, 750 Golfplätzen und ADAC Verkehrsinfos. Preis: 25,95 Euro.
Kennwort: PCSCOUT

SPORTLICH

MERIAN-UHR

Mit dieser Uhr sind Sie immer am Puls der Zeit: Gehäuse aus gebürstetem Metall, strapazierfähiges Armband in sportlicher Optik. Mit Sekundenzeiger und klassischem blauen Zifferblatt (Durchmesser 3 cm). Die Uhr ist extra in einer praktischen Metallbox verpackt. Preis: 30,00 Euro
Kennwort: MERIAN-Uhr

MERIAN-ABONNEMENT

Lust auf ein **Abonnement**

Wenn sie MERIAN abonnieren möchten, erhalten Sie 12 Ausgaben im Jahr für 76,40 Euro statt 90,00 Euro bei Einzelkauf. Nutzen Sie den Preisvorteil von 15 % und sichern Sie sich Ihr Dankeschön: einen der drei MERIAN *live* Reiseführer. Mit Quickfinder in den Klappen, den Attraktionen jeder Reise auf einen Blick und gewohnt exzellenter MERIAN-Kartografie. Für Ihre Bestellung eines MERIAN-Abonnements verwenden Sie bitte die Postkarten auf Seite 99

Unser Dankeschön für Ihr Interesse:
Wahlweise die besten Reiseziele Deutschlands, Italiens oder Spaniens. Kompakte Reise-Tipps auf über 550 Seiten

MERIAN-**RARITÄTEN**

Weitere MERIAN-**RARITÄTEN** erhalten Sie auf Anfrage unter Telefon 0 40/87 97 341

Lust auf MERIAN-Geschichte

Für Sammler und Geschichtsliebhaber haben wir unser Archiv geöffnet und offerieren Ihnen hier seltene Kulturschätze aus über 50 Jahren MERIAN. Die Archivexemplare bieten wir nur noch in sehr begrenzter Stückzahl und so lange der Vorrat reicht.

MERIAN WIEN
1956 **145,00 EUR**

MERIAN OSTFR. INSELN
1957 **130,00 EUR**

MERIAN FRANZ. REVIERA
1961 **95,00 EUR**

MERIAN DER COMER SEE
1963 **80,00 EUR**

MERIAN SALZBURG
1964 **75,00 EUR**

MERIAN LUXOR/ASSUAN/ ABU SIMBEL
1967 **70,00 EUR**

MERIAN BERLIN
1970 **60,00 EUR**

MERIAN SYLT/AMRUM/FÖHR
1975 **50,00 EUR**

HISTORISCHE SAMMELSCHUBER **MERIAN**-Archiv!

Archivieren Sie Ihre MERIAN-Sammlung stilvoll und sicher in den exklusiven MERIAN-Sammelschubern aus Leder oder Leinen! Jeder Schuber bietet Platz für ca. 12 MERIAN-Ausgaben. Preise: Ausführung Leinen 10,00 Euro, Leder 22,00 Euro. **Kennwort: Schuber Leinen / Schuber Leder**

PROGRAMM

AUSWÄHLEN UND BESTELLEN

Lieferbare MERIAN-Titel

- Ägypten
- Amsterdam
- Andalusien
- Australien
- Autostadt in Wolfsburg
- Baden-Württemberg
- Bali
- Baltikum
- Barcelona
- Berlin
- Brasilien
- Bretagne
- Budapest
- Burgund
- Chicago
- Chile – Patagonien
- China: Shanghai und der Süden
- Chinas Norden
- Cote d'Azur
- Das neue Ruhrgebiet
- Dominikanische Republik
- Dresden
- Elsass
- Emilia Romagna
- Florenz
- Florida
- Frankfurt
- Hamburg
- Indiens Norden
- Indiens Süden
- Irland
- Island
- Istanbul
- Japan
- Jemen–Oman–VAE
- Jerusalem
- Kalifornien
- Kanadas Osten
- Kanalinseln
- Kanarische Inseln
- Köln
- Krakau
- Kreta
- Kuba
- Ligurien
- Loire
- London
- Madrid
- Mallorca
- Marokko
- Mauritius
- Mecklenburg-Vorpommern
- Mexiko
- Moskau
- MS Europa
- München
- Namibia
- Neapel / Amalfi-Küste
- Neuseeland
- New York
- Norwegen
- Oberbayern
- Paris
- Piemont–Turin
- Portugal
- Prag
- Provence
- Rom
- Sardinien
- Schottland
- Schweden
- Shanghai
- Sizilien
- Spaniens Norden
- Steiermark
- Südafrika
- Südengland
- Südtirol
- Sylt–Amrum–Föhr
- Syrien–Libanon
- Tessin
- Thailand
- Toskana
- Tunesien
- Umbrien
- USA: Die Südstaaten
- USA: Neuengland
- Venedig
- Verona und Gardasee
- Vietnam–Laos–Kambodscha
- Weimar
- Wien

SAMMELSCHUBER

MERIAN-Archiv!

Archivieren Sie Ihre MERIAN-Ausgaben in dem modernen MERIAN-Sammelschuber aus Acryl! Jeder Schuber bietet Platz für ca. 12 MERIAN-Magazine. Preis: 16,00 Euro. **Kennwort: Schuber Acryl**

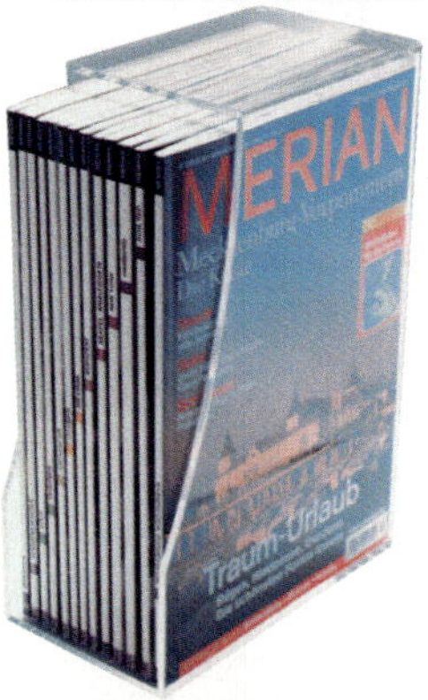

MERIAN
Die Lust am Reisen

PREMIUM SHOP

Viele der Ausgaben von MERIAN sind in begrenzter Stückzahl noch verfügbar! Die lieferbaren MERIAN-Titel (siehe Programm-Auflistung, links) kosten 7,50 Euro inkl. Porto und Versand (innerhalb Deutschlands). Bestellen Sie mit der gegenüberliegenden Postkarte oder im Internet unter www.merian.de. Außerdem erhalten Sie das lieferbare Programm von MERIAN in jeder gut sortierten Buchhandlung und solange der Vorrat reicht.

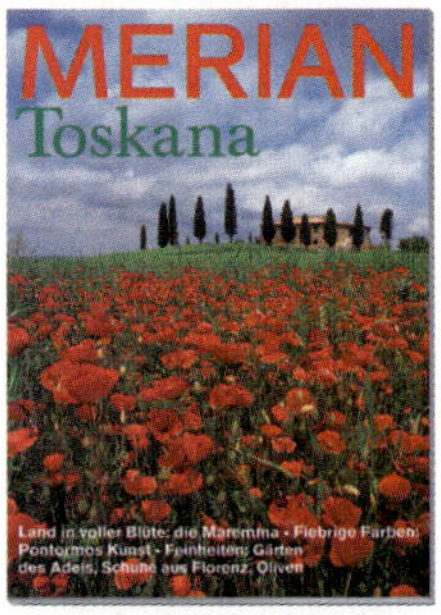

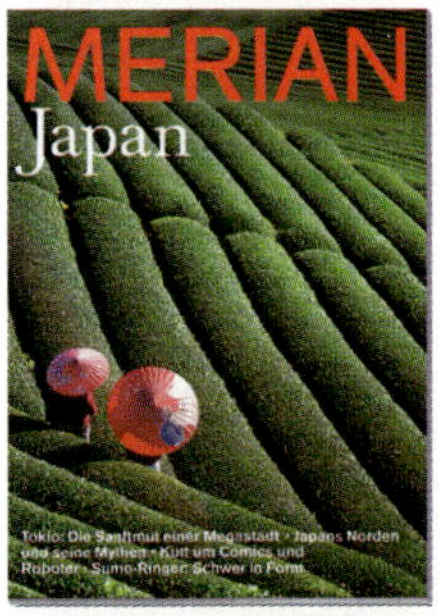

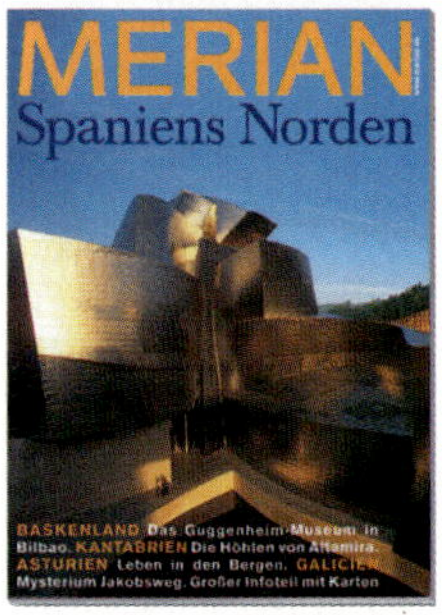

VERLOSUNG

DAS GROSSE **MERIAN-GEWINNSPIEL**

Unter allen Einsendern verlost MERIAN tolle Gewinne. Jede MERIAN-Premium-Shop-Bestellung nimmt automatisch an unserer Verlosung teil.

1. PREIS
FLOS-LEUCHTE TAGGIA
Zeitlos stilvoll, elegant und ein echtes Designerstück!

2. PREIS
FLOS-LEUCHTE STYLOS
Für eine illuminierte Zimmeratmosphäre.

3.–5. PREIS
ZEISS FERNGLAS
Bestechend scharfe Optik und modernstes Design.

6.–10. PREIS
BREE ROLLERBOARD
Angenehmer lässt sich Handgepäck nicht transportieren.

Leuchte Stylos

Die Lust am Reisen

MERIAN PREMIUM SHOP

WETTERFEST

WINDBREAKER

Der klassisch blaue Windbreaker trotzt Wind und Wetter, ist aber angenehm leicht und durch den großzügigen Schnitt sehr bequem zu tragen.
Universalgröße: Large
Preis: 39,90 Euro
Kennwort: Windbreaker

Bitte freimachen falls Marke zur Hand. Oder bestellen Sie per Fax:
040/27172079

ANTWORT

MERIAN
Premium Shop
Postfach 60 12 20

D-22212 Hamburg

Die Lust am Reisen

MERIAN GUTSCHEIN

Die Lust am Reisen

MERIAN ABONNEMENT

Wenn sie MERIAN abonnieren möchten, sichern Sie sich Ihr Dankeschön: einen der drei MERIAN *live* Reiseführer. Mit Quickfinder in den Klappen, den Attraktionen jeder Reise auf einen Blick und gewohnt exzellenter MERIAN Kartografie.

Wunschtitel bitte ankeuzen:

- ☐ **Deutschland**
- ☐ **Italien**
- ☐ **Spanien**

Ich möchte bestellen.
Bitte liefern Sie die Produkte an folgende Adresse:

Name / Vorname des Bestellers

Straße / Haus-Nr.

PLZ / Ort

Tel.-Nr. / E-Mail

Datum / Unterschrift ME 12-2003

Rechnung abwarten – bitte keine Vorauszahlung leisten.
Die Lieferung erfolgt, innerhalb Deutschlands, porto- und versandkostenfrei. Auslandslieferungen auf Anfrage.

☐ **Ich möchte am MERIAN-Gewinnspiel teilnehmen. Die Teilnahme ist unabhängig von einer Bestellung.**

☐ **Mit der Zusendung von Informationsmaterial bin ich einverstanden.**

☐ **Ich habe den Bestellwert von 25,00 Euro erreicht und erhalte „Best of MERIAN" als Dankeschön dazu.**

Mitarbeiter/Innen des JAHRESZEITEN VERLAGS und deren Angehörige dürfen an der Verlosung nicht teilnehmen. Der Rechtsweg ist ausgeschlossen. Eine Barauszahlung der Gewinne ist ausgeschlossen.

Bitte tragen Sie hier die Kennwörter, Anzahl und Preise ein:

Kennwort	Anzahl	Einzelpreis (Euro)	Gesamtpreis (Euro)
	Summe		

MERIAN
Die Lust am Reisen

GUTSCHEIN

Lust auf Reisen?

MERIAN präsentiert zwölfmal jährlich ein lebensnahes und facettenreiches Porträt einer Stadt, einer Region oder eines Landes auf höchstem Niveau. Mit dem monatlich erscheinenden Magazin MERIAN erleben Sie einzigartige Bilder und packende Reportagen.

Das ist ein Geschenk für:

Die nächsten 12 Ausgaben sind ein Geschenk von:

Die Lieferung beginnt, sobald die unten stehende Abo-Postkarte ausgefüllt an den MERIAN Leserservice, Postfach 60 12 20, 22212 Hamburg eingegangen ist.

☐ **Ich abonniere MERIAN für mich selbst.**
☐ **Ich möchte ein MERIAN-Abonnement verschenken (siehe Gutschein).**

Name / Vorname des Beschenkten

Straße / Haus-Nr. / PLZ / Ort

Tel.-Nr. / E-Mail

Die Rechnung und das umseitig angekreuzte Dankeschön gehen an: (Adresse bitte unten eintragen). Der Jahres-Abo-Preis für 12 Ausgaben MERIAN beträgt 76,40 Euro frei Haus (innerhalb Deutschlands; Auslandspreise auf Anfrage).

Name / Vorname des Bestellers

Straße / Haus-Nr. / PLZ / Ort

Tel.-Nr. / E-Mail

Gewünschte Zahlungsweise bitte ankreuzen:
☐ **Gegen Rechnung** (Bitte keine Vorauszahlung leisten) ☐ **Bankeinzug** (Bequem und bargeldlos)

Bankleitzahl Kontonummer

Geldinstitut

Datum / 1. Unterschrift

Vertrauensgarantie: Die Bestellung wird erst wirksam, wenn sie nicht binnen zwei Wochen schriftlich beim MERIAN-Leserservice, Postfach 60 12 20, 22212 Hamburg, widerrufen wird. Zur Wahrung der Frist genügt die rechtzeitige Absendung des Widerrufs. Dieses Angebot gilt nur in der Bundesrepublik Deutschland und solange der Vorrat reicht. Das Dankeschön darf ich auch bei Widerruf behalten. Die Kenntnisnahme dieser Hinweise bestätige ich durch meine zweite Unterschrift:

Datum / 2. Unterschrift ME 12-2003 118/119

Bitte freimachen falls Marke zur Hand. Oder senden Sie per Fax an: **040/27172079**

ANTWORT

MERIAN
Leserservice
Postfach 60 12 20

D-22212 Hamburg

Ein MERIAN-Abonnement bietet Vorteile:

1. 15% Preisvorteil
Sie erhalten 12 Ausgaben zum Vorzugspreis von 76,40 Euro statt 90,00 Euro.

2. Service
Sie erhalten jede MERIAN Ausgabe pünktlich frei Haus. Porto und Verpackung zahlen wir für Sie.

3. Vertrauensgarantie
Eine Bestellung wird erst wirksam, wenn sie nicht binnen 14 Tagen schriftlich beim MERIAN-Leserservice, Postfach 60 12 20, 22212 Hamburg, widerrufen wird. Zur Wahrung der Frist genügt die rechtzeitige Absendung des Widerrufs.

4. Geld-zurück-Garantie
Sie können Ihr Abonnement jederzeit kündigen und erhalten für gezahlte und noch nicht gelieferte Hefte natürlich Ihr Geld zurück.

Bestellen Sie einfach und bequem per

MERIAN-Leserservice
Postfach 60 12 20
22212 Hamburg

040 / 87 97 35 40

040 / 27 17 20 79

www.merian.de

Online geht die Reise los.

www.merian.de
Tausende von Reisezielen, Eventkalender, Reportagen, Tipps & Empfehlungen und weitere exklusive Angebote im MERIAN Premium Shop

Der **Titel** von Bernd Duke zeigt die Fahnenschwenker der „Trachtengruppe Buochs“ beim alljährlichen Frühlingsfest auf dem Berg Männlichen im Berner Oberland

Bildnachweis

Anordnung im Layout: o=oben, u=unten, r=rechts, l=links, m=Mitte

Titel Bernd Duke/IFA; S. 3 ol Michael Müller, M Martin Ruetschi/ Keystone.ch; S. 4 Christian Richters; S. 4/5 Willi P. Burkhardt; S. 5 ol Peter Granser/Laif, or Stephan Sahm/Stern/Picture Press, ul Andri Pol, ur Thomas Ebert/Laif; S. 8 l Sammlung Gesellschaft für ökologische Forschung, r Sylvia Hamberger/ Gessellschaft für ökologische Forschung; S. 10 o Stefan Engler, ml Jörg + Schröter/Aura mr Emanuel Ammon/ Aura; S. 12 o Rolf Haid/picture alliance /dpa, m Raymond Reuter/Corbis, ul E. Ammon/Aura, um A. Busslinger/ Aura, ur Martin Parr/Magnum/Agentur Focus; S. 14/15 Günter Gräfenhain/ Huber; S. 16/17 Giuseppe Carfagna; S. 18 Michael Peuckert/Agentur Focus; S. 19 Roland Gerth; S. 20,25 Jodi Cobb/National Geographic; S. 21-24 Thomas Ulrich/Visual Impact; S. 26 Thomas Flechtner/Lars Müller Verlag; S. 27 Evelyn Rois u. Bruno Stubenrauch; S. 28/29 Mario Colonel; S. 36 o Thomas Ernsting/Bilderberg, u Andreas Hallaschka; S. 37 E. Rois u. B. Stubenrauch; S. 38 o A. Hallaschka, u Ch. Richters; S. 39 o Bernd Jonkmanns/Laif, m Siegfried Eigstler/ Mediacolors, u Lucia Degonda/swissimages; S. 40 A. Hallaschka; S. 41 o Max Schmid/swiss-images, m Robert Bösch/Anzenberger, u Jarry/Tripelon/ Top Agence; S. 42 o A. Hallaschka, u Markus Kirchgessner; S. 43 von o nach u M. Kirchgessner, A. Hallaschka, Christa Lachenmaier/Bilderberg; S. 44 o Heinz Schwab/swiss-cities/ swiss-images, m, u A. Hallschka; S. 46 o E. Ammon/Aura, u R. Gerth; S. 50 o Niggi Bräuning, u St. Sahm/ Stern/Picture Press; S. 51 Ch. Richters; S. 52 VG Bildkunst; S. 53 o André Roth u. Marc Schmid, u Age/Mauritius; S. 54 G. Gräfenhain/ Huber; S. 56 – 58, 59 r , 60 Christian Irrgang,g; S. 59 l Andreas Teich/picture alliance/ dpa; S. 62-66 A. Pol; S. 68-71, 74 Raffaele Celentano; S. 72 M. Peuckert/ Agentur Focus; S. 73 Florian Werner/ Look; S. 76-83 A. Pol; S. 84-93 Didier Ruef; S. 94, 95 Benno Kraehahn; S. 100, 103, 104 Stephan Abry; S. 101, 102, 102/103 A. Pol; S. 106-109; S. 110 Hans Peter Siffert/ Jahreszeitenverlag; S. 112 Rainer Martini/Look; S. 114 Toni Anzenberger/ Anzenberger; S. 116 Arno Balzarini/ Keystone.ch; S. 118 Planetobserver. com M-sat; S. 120/121 Edli Baer; S. 122 l Aldo Acquadro/Look; S. 122 r Christian Heeb/Look: S. 122/123 Max Galli/Look; S. 124/125 swissimages; S. 126/127 R. Celentano; S. 128 swiss-images; S. 130 A. Villinger /Zefa; S. 131 M. Ruetschi/ Keystone; S. 132-133 swiss-images; S. 134 l Michele Limina/Keystone, r swiss-images; S. 135 swiss-images; S. 136 l E. Ammon/ Aura, r travelstock44/ Images.de; S. 138 l Jean-Bernard Vernier/Corbis, r R. Zumbühl/Picswiss; S. 144 Jörg Lehmann/insidecity

MERIAN

Heft 12/2003, Dezember, Erstverkaufstag dieser Ausgabe ist der 20. 11. 2003

MERIAN erscheint monatlich im Jahreszeiten Verlag GmbH, Poßmoorweg 5, 22301 Hamburg Tel. 040/27 17-0, Fax 040/27 17-20 56 **Anschrift der Redaktion:** Harvestehuder Weg 42, 20149 Hamburg Postfach 130444, 20139 Hamburg, E-Mail: Redaktion@Merian.de, Tel. 040/441 88-231, 441 88-240 Fax 040/441 88-310 **Website:** www.merian.de **Leserservice:** Postfach 601220, 22212 Hamburg Tel. 040/87 97 35 40, Fax 040/27 17 - 20 79

Herausgeber:
Manfred Bissinger
Chefredakteur: Andreas Hallaschka
Art Directorin: Sabine Lehmann **Chef vom Dienst:** Tibor M. Ridegh **Redakteure:** Kathrin Sander Charlotte von Saurma, Thomas Gebhardt (freie Mitarbeit), Thorsten Kolle (freie Mitarbeit), Andrea Walter (freie Mitarbeit) **Redakteur dieses Heftes:** Andreas Hallaschka **Schlussredaktion:** Tibor M. Ridegh Jasmin Wolf (stv.) **Layout:** Cornelia Böhling, Kristian Jankovic (freie Mitarbeit), Ingrid Koltermann Dorothee Schweizer (stellv. Art Directorin) **Bildredaktion:** Hanni Rapp, Michael Kleehaupt (freie Mitarbeit), Eva M. Ohms **Bildredakteurin dieses Heftes:** Hanni Rapp
Kartographie: Peter Münch **Dokumentation:** Jasmin Wolf, Andrea Wolf (freie Mitarbeit)
Mitarbeit: Christian Eusterhus, Hildegard Frilling, Claudia Schmidt, Susanne Thoms
Herstellung: Karin Harder **Redaktionsassistenz:** Sabine Birnbach, Katrin Eggers
Geschäftsführung Premium Magazine: Peter Rensmann
Gesamt-Anzeigenleitung: Roberto Sprengel **Anzeigenleitung:** Christel Janßen
Anzeigenstruktur: Patricia Hoffnauer **Marketing:** Kenny Machaczek, Ulrich Rieger, Sonja Wünkhaus
Vertriebsleitung: Jörg-Michael Westerkamp (Zeitschriftenhandel), Jan Wiesemann (Buchhandel)
Verantwortlich für den redaktionellen Inhalt: Andreas Hallaschka
Verantwortlich für Anzeigen: Roberto Sprengel

Verlagsbüros Inland:

Hamburg: Tel. 040/27 17-25 95, Fax -2520, E-Mail: vb-hamburg@jalag.de
Berlin: Tel. 030/80 96 23-60, Fax -70, E-Mail: vb-berlin@jalag.de
Hannover: Tel. 0511/85 61 42-0, Fax -19, E-Mail: vb-hannover@jalag.de
Düsseldorf: Tel. 0211/901 90-0, Fax -19, E-Mail: vb-duesseldorf@jalag.de
Frankfurt: Tel. 069/97 06 11-0, Fax -44, E-Mail: vb-frankfurt@jalag.de
Stuttgart: Tel. 0711/966 66-520, Fax -22, E-Mail: vb-stuttgart@jalag.de
München: Tel. 089/99 73 89-30, Fax -44, E-Mail: vb-muenchen@jalag.de

Repräsentanzen Ausland:

Basel: Intermag AG, Tel. +4161/275 46-09, Fax -10, E-Mail: info@intermag.ch
Brüssel: Publicitas Media, Tel. +322/639 84-29, Fax -40, E-Mail: ibellis@publicitas.com
Danderyd: Annonsbolaget JB Media AB, Tel. +46/8753 96 04, Fax 708753240, E-Mail: anette@annonsbolaget.se
Frederiksberg: Jungersted & Brostrøm, Tel. +45/33 22-20 20, Fax -9959, E-Mail: gitte.schuler@jbmedia.dk
London: The Powers Turner Group, Tel. +44 20/7630 99 66 Fax 76 30 99 22, E-Mail: cweiss@publicitas.com
Mailand: Media & Service International Srl, Tel. +39 02/48 00 61 93, Fax 48 19 32 74, E-Mail: info@it-mediaservice.com
Paris: International Magazine Company, Tel. +331/53 64 88 91, Fax 45 00 25 81, E-Mail: imc@international.fr
Madrid: AMB Publicidad y Marketing, S.L., Tel. +34 91/300-54 54, Fax -5181, E-Mail: ambp@retemail.es
Wien: Verlagsbüro Kepreda, Tel. +43 1/87 71 78-2, Fax 877 87 11, E-Mail: 1@kepreda-jahreszeitenverlag.at
New York: The Russell Group Ltd., Tel. +12 12/213 11-55, Fax -60, E-Mail: info@russellgroupltd.com

Die Premium Magazin Gruppe im Jahreszeiten Verlag

A&W Architektur & Wohnen COUNTRY DER FEINSCHMECKER WEIN Gourmet MERIAN

Gültige Anzeigenpreisliste: Nr. 37c.
Das vorliegende Heft Dezember 2003 ist die 12. Nummer des 56. Jahrgangs. Diese Zeitschrift und die einzelnen Beiträge und Abbildungen sind urheberrechtlich geschützt. Jede Verwertung außerhalb der engen Grenzen des Urheberrechtsgesetzes bedarf der Zustimmung des Verlages. Keine Haftung für unverlangt eingesandte Manuskripte und Fotos. Preis im Abonnement im Inland monatlich 6,37€ inklusive Zustellung frei Haus. Der Bezugspreis enthält 7% Mehrwertsteuer. Auslandspreise auf Nachfrage. Postgirokonto Hamburg 132 58 42 01 (BLZ 200 100 20) Commerzbank AG, Hamburg, Konto-Nr. 611657800 (BLZ 200 400 00) Führen in Lesemappen nur mit Genehmigung des Verlages. Printed in Germany

Weitere Titel im Jahreszeiten Verlag: Für Sie, petra, vital, PRINZ, A&W Architektur & Wohnen, COUNTRY, DER FEINSCHMECKER, WEINGourmet, schöner reisen, ZuhauseWohnen, SelberMachen
Litho: Alphabeta Druckformdienst GmbH, Hamburg. Druck und Verarbeitung: heckel GmbH, Nürnberg, schlott sebaldus Gruppe
ISBN: 3-7742-6812-6 MERIAN (USPS No. 011-458) is published monthly. The subscription price for the USA is $ 110 per annum. K.O.P.: German Language Publications, Inc., 153 South Dean Street, Englewood NJ 07631. Periodicals postage is paid at Englewood NJ 07631, and at additional mailing offices. Postmaster: send address changes to: MERIAN, German Language Publications, Inc. 153 South Dean Street, Englewood NJ 07631.

JAHRES ZEITEN VERLAG

Ein Unternehmen der
GANSKE VERLAGSGRUPPE

Das komplizierte Räderwerk einer Schweizer Uhr besteht aus mehr als 400 Teilen. Auf die größeren Zahnräder graviert der Uhrmacher Daniel Aubert auf Wunsch die Initialen des Kunden

Daniel Aubert ist einer der Letzten, die Uhren komplett in Handarbeit fertigen

Wem die Stunde schlägt

Schweizer Uhren sind kompliziert, teuer und heiß begehrt. Wie aus dem Nebenverdienst ärmlicher Bauern ein Luxusgeschäft wurde

Text: Klaus Werle

Daniel Aubert an seinem Arbeitstisch. Im Prinzip hat sich wenig verändert, manches Werkzeug stammt noch vom Großvater

Wohlhabend zu sein, so will es ein Schweizer Sprichwort, bedeutet mehr Uhren sein eigen zu nennen als Zeit. Vielleicht ist das der Grund, warum es einige Kunden im „Les Ambassadeurs" eilig haben. Sie wissen genau, welches Modell sie wollen; in wenigen Minuten hat eine Verkäuferin die Uhr eingepackt, eine Schachtel Pralinen beigelegt, ist die Rechnung im Wert eines Mittelklassewagens gezahlt, und die Herrschaften sind schon wieder weg.

Im „Les Ambassadeurs" tut man dabei alles, um ihren Aufenthalt zu verlängern. Mit Sitzecken aus hellem Nappaleder und dezentem Licht fühlt man sich im Uhrenladen in der vornehmen Genfer Rue du Rhône wie in der Lobby eines Fünf-Sterne-Hotels. „Kaffee? Wasser? Saft?", heißt es, sobald sich die Tür wieder geschlossen hat. Schließlich soll sich hier auch eine Majestät wohlfühlen. Und auch der Kraftprotz aus Hollywood, der eine Audemars Piguet verlangte, bekannt für ihr wuchtiges Äußeres und großes Gewicht. „Eine gute Wahl für einen starken Mann", meint der Verkäufer Laurent Garcia.

Garcia hat eine Philosophie, und die lautet: Jeder, der eine Luxusuhr möchte, soll auch eine bekommen. Deshalb liegen hinter seinem Ladentisch Listen für die Kunden, die weder Königinnen noch Filmstars sind: Deren Freunde tragen dort ein, wie viel sie zum gemeinsamen Geschenk beisteuern möchten.

Deshalb kriegt auch das junge Paar in Jeans und Lederjacke einen Platz im Nappaleder. Sie wollen die Uhr abholen, die sie sich gestern ausgesucht haben, zur Geburt des Kindes: eine Ulysse Nardin für fast 20000 Franken. „Gerade für Menschen, die keine Millionäre sind, ist der Kauf einer Luxusuhr ein Fest", sagt Garcia, „sie gehen hier mit leuchtenden Augen raus."

Die teuerste Uhr im Geschäft ist eine Vacheron Constantin, sie ist transparent, man kann das Uhrwerk aus 18-karätigem Gold sehen, und sie kostet 600000 Franken. Natürlich hat Garcia auch günstigere Angebote, etwa eine Longines für nicht mal 1000 Franken. Schließlich soll für jeden Geschmack und jeden Geldbeutel etwas dabei sein.

Es gibt Stammkunden, die jedes Jahr eine teure Uhr kaufen oder sich zum Geburtstag gleich zwei Nobelzeitmesser spendieren. Garcia hat Kunden, die 400 oder 500 Luxusuhren besitzen. Sie lieben ihre feine Ästhetik, die mechanische Präzision. „Das Wichtigste ist aber die Tradition", weiß Garcia: In der Schweiz eine kunstvolle Uhr zu kaufen ist ein bisschen wie aus Modena mit dem Ferrari nach Hause zu fahren.

Tradition bedeutet, dass die Edelstücke, die in Genf auf Samt gebettet und wie rohe Eier aus den Vitrinen bugsiert werden, in der Fantasie der Käufer immer noch etwas von der felsigen Kargheit des Vallée de Joux in sich tragen.

Das Tal, wo einmal alles begann.

Die Schweizer nennen es auch das *pays des loups,* weil es hier so kalt und einsam ist, dass sich angeblich nur Wölfe wohlfühlen. Das Vallée de Joux ist Teil des Schweizer Jura, bekannt für seine schroffen Kalkfelsen und weitläufigen Hochebenen. In diesen abgelegenen Tälern entlang der Grenze zu Frankreich, wo außer dem Gebimmel der Kuhglocken kaum ein Laut die Ruhe stört, ist die Schweizer Uhrenproduktion zu Hause. Ursprünglich an den Höfen Englands und Frankreichs beheimatet, kam die Uhrmacherkunst Mitte des 16. Jahrhunderts mit den hugenottischen Glaubensflüchtlingen nach Genf, dem Zentrum der Reformation. Hier galt das Wort Calvins, der den Bewohnern das Tragen von Schmuck verbot. Die Goldschmiede und Juweliere wichen auf die Feinmechanik aus, und die Bürger der reichen Stadt legten ihr Geld fortan in edlem – als „Technik" geduldetem – Uhrwerk an, das sich ja ebenfalls mit Gold und Juwelen verzieren ließ.

Die Nachfrage war so groß, dass die Genfer Goldschmiede begannen, simple Arbeiten an die ärmlichen Bauern im Jura abzugeben. Hatte vorher ein Meister eine Uhr komplett hergestellt, etablierte sich nun eine Arbeitsteilung, das

Miniaturen meisterlicher Kunst

Monate, manchmal Jahre, dauert es, ein einziges dieser Uhrwerke unter der Lupe zusammenzubauen. Das erklärt den hohen Preis

Traditionelles Werkzeug bestimmt den Arbeitsplatz des Uhrmachers. Emaille-Malerei auf Uhren-Rückseiten ist eine heute seltene Kunst

Kleinodien zum Lobpreis der Zeit

„Verlagssystem“: Die Jura-Bauern produzierten Rohwerke, denen die Genfer Juweliere den letzten Schliff verpassten.

Eifersüchtig wachten Genfer Uhrmacher darüber, den Bauern nicht zu viel Know-how zu verraten – ohne Erfolg. Längst waren viele zu *paysans-horlogers* geworden: Vor allem während der strengen Winter molken die „bäuerlichen Uhrmacher“ im Morgengrauen die Kühe, um dann im Tageslicht Gehäuse, Zahnräder, Zeiger und Federn zu produzieren. In Le Locle, einem beschaulichen Städtchen, das als Wiege der Schweizer Uhrenindustrie gilt, wurden um 1750 bereits 15000 Uhren im Jahr hergestellt. 100 Jahre später begann die Hochzeit der Schweizer Uhren – ihre Traditionen prägen das Land bis heute. So stammen etwa die Außenminister meist aus der Westschweiz: Ein Relikt aus der Zeit, als das global gespannte Netz der Uhrenvertreter auch diplomatische Aufgaben übernahm.

Doch auch als im 19. Jahrhundert die ersten Manufakturen entstanden waren, blieb der Großteil der Arbeit in den Bauernstuben, an groben Tischen, wo mit Pedal und Schwungrad Kraft für die kleinen Bohrmaschinen erzeugt wurde. So ein Rad ist an Daniel Auberts Arbeitstisch in Le Brassus bis heute befestigt. Den 150 Jahre alten Zirkel aber verwendet er immer noch, ein Stück vom Großvater. In Auberts Atelier würde der sich noch zurechtfinden: „Ich arbeite wie ein Holzwurm“, sagt Aubert und bohrt winzige Löcher in eine Platine. Zuerst wird das rohe Metallstück zurechtgeschnitten, dann geschliffen, die einzelnen Zahnräder, Federn und Juwelen eingesetzt und gefeilt, bis sie genau passen.

In Hunderten von Jahren haben sich diese Arbeitsschritte kaum verändert – doch Aubert ist einer der letzten, die noch in Heimarbeit Uhren herstellen – der richtige Mann für Menschen, die einen wirklich exklusiven Zeitmesser verlangen. Vom ersten Bohren bis zum Wisch mit dem Poliertuch: „Meine Uhren sind komplett Handarbeit.“ Und: Er stellt nur Einzelstücke her. Wer möchte, kann sogar seine Initialen in eines der Zahnräder gravieren lassen. Auberts Spezialität sind transparente und mit weniger als sieben Millimeter Durchmesser extrem flache Uhren – „Damit sie gut unter den Smoking-Ärmel passen“ –, und er präsentiert sie liebevoll in einer glänzenden, mit weißem Leder ausgeschlagenen Holzschatulle.

Sein billigstes Modell kostet bereits 3000 Franken; die derzeit teuersten, meist aus massivem Gold und rundum mit Diamanten verziert, etwa 40000. Doch nach oben ist dem Preis keine Grenze gesetzt: „Das hängt davon ab, welche Komplikationen der Kunde verlangt“. Beispielsweise einen „ewigen Kalender“, der garantiert kein Schaltjahr verpasst. An solchen Uhren arbeitet Aubert schon mal zwei Jahre, andere sind in zwei Monaten fertig. Inzwischen hat er gut 50 Uhren der Marke „Daniel Aubert“ produziert. Der 68-Jährige hat alle Krisen der Uhrenindustrie mitgemacht und überlebt: den Ölschock, in dessen Folge auch das Gold für die Uhren teurer wurde; die Erfindung der Quarzuhr, bei der der Arbeitsaufwand zehnmal geringer ist als bei einer mechanischen Uhr.

Der Anteil Schweizer Uhren auf dem Weltmarkt fiel in den siebziger Jahren von 43 auf 15 Prozent, 50000 Menschen verloren ihren Job. Viele Uhrmacher schlugen sich mehr schlecht als recht mit Reparaturarbeiten durch. Andere, wie Aubert, gründeten mit Freunden eine eigene kleine Firma und spezialisierten sich auf luxuriöse Produktion in kleiner Stückzahl. Und Nicolas Hayek machte die Swatch, die fast ohne Edelsteine auskam und die Uhrenindustrie wiederbelebte, zur Kultuhr.

Um 1900 kamen weltweit acht von zehn Uhren aus der Schweiz. Mittlerweile ist nur noch jede 20. der jährlich 700 Millionen produzierten Uhren „Made in Switzerland“ – ihr wertmäßiger Anteil aber liegt bei 60 Prozent. „Das Luxussegment stirbt nicht aus“, sagt Pierre Buser, Konservator am Uhrenmuseum in Le Locle. So hängt in der Region um Neuchâtel auch heute noch jeder zweite Arbeitsplatz direkt oder indirekt am Uhrengeschäft. Der Run auf die teure Mechanik machte nicht nur kleine Uhrmacher wie Aubert wieder zu gefragten Experten – auch ehemals große Marken witterten Morgenluft.

Es war die Stunde, in der die alten Rezepte wieder hervorgekramt wurden, und bei Zenith in Le Locle ist das sogar wörtlich zu nehmen: Als mitten in der Krise der damalige US-Eigentümer nur noch Quarzwerke produzieren wollte, brachte der Uhrmacher Charles Vermot entgegen den Anweisungen Spezialwerkzeuge und Konstruktionspläne auf dem Dachboden in Sicherheit – sie mussten nur wieder hervorgeholt werden, als in den Achtzigern mechanische Uhren wieder gefragt waren.

Zur Freude der Verkäufer bei „Les Ambassadeurs“ in Genf, der Liebhaber handgefertigter Uhren und zum Segen Daniel Auberts, der sich um betuchte Kunden aus aller Welt keine Sorgen machen muss. □

Klaus Werle, *Jahrgang 1973, kam den Luxusuhren so nahe, dass er ihr kompliziertes Innenleben bestaunen konnte.*

MERIAN | INFO Uhren

Uhren gehören zur Schweiz wie der Käse und das Offiziersmesser. Aber auch wer sich nicht primär für Edelmarken à la Blancpain, Rolex oder Tissot interessiert, kann auf der touristischen „Uhrmacherstraße“ mit insgesamt 27 Stationen interessante Entdeckungen machen. Hier, im von Tourismus-Managern „Watch Valley“ getauften Schweizer Jura, ist es zuerst die wunderbare Landschaft selbst mit malerischen Orten, Weinbergen und Chateaus. Dann sind eine Reihe von Museen empfehlenswert, die auch dem Laien die Faszination Schweizer Uhren vermitteln. Zunächst ist das **Patek Philippe Museum** (Genf, geöffnet Di-Fr, 14-17 Uhr und Sa 10-17; Tel. 0041-22-8070910; www.patekmuseum.com) unbedingt sehenswert, besonders da das Uhrenmuseum Genfs nach zwei millionenschweren Raubzügen 2001 und 2002 auf unabsehbare Zeit geschlossen bleibt. In Le Brassus unterhält auch die Firma **Audemars Piguet** ein Museum, allerdings muss man sich anmelden (Tel. 0041-21-8451400). In Chaux-de-Fonds stellt das **Internationale Uhrenmuseum** Zeitmesser seit der Antike und aller heutigen Marken aus (Di-So 10-17 Uhr; 0041-32-9676861; www.mih.ch)

INFO

Eine sehr gut gemachte Panoramakarte sowie eine Broschüre mit allen Sehenswürdigkeiten und Adressen gibt es bei **www.watchvalley.ch** Infos auch über Schweiz Tourismus Tel. 00800-10020030 und **www.myswitzerland.com**

Sehen und gut aussehen: zwei Grundsätze des winterlichen Gesellschaftslebens

Ritt über den gefrorenen See: das „White Tur

Aufgalopp zur

ferderennen ist eine der Winterattraktionen

Natürliche Retusche: Der Schnee macht den Ort trotz der Bausünden ansehnlich

St. Moritz-Saison

In dem Engadiner Ferienort wurde der Winterurlaub erfunden. Das hat dem Städtchen nicht nur gut getan, aber treue Fans eingetragen

Text: Johannes Schweikle, Fotos: Peter Granser

Après-Ski im Paradies: Blick von der El-Paradiso-Hütte auf den See

Streicheleinheiten für den Rolls: der Portier des Palace-Hotels

„Good morning, Sir,"

„Good morning, Sir, how are you this morning?", fragt der Helfer im grob gestrickten Clubpullover. „Nervous", antwortet der Fahrer im roten Rennanzug und nippt an einem Becher Tee, um sich zu beruhigen. Der Sportsfreund steckt in seinem Plastikoverall wie Wurst in Pelle. Am Kragen, wo der Reißverschluss ein Stückchen offen steht, kommt eine korrekt gebundene Clubkrawatte zum Vorschein. Einen Motorradhelm hat er unter den Arm geklemmt, seine Fußballschuhe sind an der Spitze mit stählernen Zacken bewehrt.

Im Cresta Run von St. Moritz geht es heute um die „Prince Philip Trophy":

Aufschwung für Sitzenbleiber: im Sessellift auf die Skipiste

Ein Ort für Dickfellige: die Bar beim Pferderennen auf dem See

Die Marine Ihrer Majestät kämpft gegen die Armee. Und zwar mit dem Schlitten. Im 1214 Meter langen Eiskanal, der mit überhöhten Steilkurven hinunterführt in den Nachbarort Celerina. Neben dem hölzernen Pavillon am Ortsrand nimmt der Lieutenant von den Irish Guards Anlauf. Wirft sich bäuchlings auf den 30 Kilo schweren Schlitten, donnert die Eisrinne hinunter, Kopf voraus, das Kinn nur ein paar Zentimeter über der glasharten Bahn, Höchstgeschwindigkeit um die 140 Kilometer. Die bizarre Fahrt durch den Arvenwald wird zu einem lebendigen Exkurs in die Geschichte des Wintersports, der hier erfunden wurde.

Im September 1864 bot der Hotelier Johannes Badrutt vier englischen Sommergästen eine verwegene Wette an: Sie sollten im Winter wieder nach St. Moritz kommen. Sie seien seine Gäste, so lange sie wollten, und wenn es ihnen nicht gefalle, bezahle er die Reisekosten von London und zurück. Die Engländer kamen zu Weihnachten und blieben bis Ostern.
Aber irgendwie mussten die Müßiggänger ihre Tage herumbringen. Die Ski waren in den Alpen noch so gut wie unbekannt. Die Engadiner Bergbauern nutzten den Schnee auf andere Weise für die Fortbewegung: Sie transportierten Holz und Heu auf großen Schlitten. Die englischen Touristen erkannten, wie viel Spaß das Gleiten macht, und begannen, aus Jux und Dollerei Wettfahrten auf Kufen zu veranstalten. 1887 gründeten sie den St. Moritz Tobogganing Club. Seither modelliert jeden Winter ein Trupp Arbeiter aus Schnee und Eis den Cresta Run.

Ein paar Meter weiter entstehen jedes Jahr im Dezember auf gleiche Weise die Steilkurven der Bobbahn.

„Diener sind im Club nicht zugelassen"

Der Kontrast könnte kaum schärfer sein: Auf dem Cresta Run tummeln sich verwegene Müßiggänger in wollenen Knickerbockern. Auf der Bobbahn betreiben Athleten aus dem Kraftraum ihren aufwändigen Hochleistungssport. In St. Moritz fahren sie auf der letzten Naturbahn dieser Welt: Keine betonierten Kurven und kilometerlangen Kühlrohre verschandeln die Berglandschaft. Die Eisrinne schmilzt jedes Frühjahr.

Skifahren kann man in den Alpen vielerorts. Aber nirgendwo zeigt der Wintersport so viele Facetten wie in St. Moritz. Zweimal fanden hier Olympische Winterspiele statt, von zahlreichen Weltmeisterschaften ganz zu schweigen. Als der Skilauf zum Touristenbringer Nummer eins in den Alpen wurde, rüstete St. Moritz auch hier auf. Mit 350 Pistenkilometern gehört sein Skigebiet zu den größten Europas. Es gibt zwar interessantere Abfahrten als die von der Corviglia, dem kahlen Hausberg von St. Moritz. Und wer auf den gegenüberliegenden Corvatsch will, muss zwischendurch abschnallen und den Skibus nehmen. Dafür erschließt sich von der Aussichtsterrasse in 3300 Meter Höhe die ganze Faszination des Engadin: Ringsum gleißt ein Meer von Gipfeln, die Bernina-Flanke ragt mit ihrem Gletscherpanzer in den stahlblauen Himmel, und der Biancograt leuchtet in unberührtem Weiß wie aus einer besseren Welt.

Der Lieutenant mit der Clubkrawatte meistert die Kurven mit den klassischen Namen Scylla und Charybdis. Zum Lenken muss er das Gewicht verlagern. Die Zuschauer an der Bande hören, dass er Angst hat: Die Zacken seiner Schuhe knirschen bremsend im Eis. Bei guten Fahrern hört man nur das Rattern der Kufen. Wenn es richtig schlecht läuft, hört man eine Stimme aus dem Lautsprecher: „Fall out in Shuttlecock".

Die Stimme kommt aus dem Clubhaus und gehört Johnny Moss, dem Sekretär. Er ist der Nachfolger des legendären Colonel Digby Willoughby. Dieser steif aufrecht schreitende Offizier übte 24 Jahre das Amt des Clubsekretärs aus. Jedem der 1300 Mitglieder, knapp die Hälfte davon sind Briten, hat er schon die Hand gegeben: Lord Brabazon of Tara, Arndt von Bohlen und Halbach und natürlich Gunter Sachs. Auch der Prince of Wales hat schon den Cresta Run bezwungen.

Allen Neulingen hat der Colonel die Death Speech gehalten, die Todesansprache: Dazu stellte er sich im Clubhaus mit den großen Panoramafenstern neben ein lebensgroßes Röntgenbild und zeigte, welche Knochen schon in dieser Schlittenbahn gebrochen wurden: Arme und Schultern sowieso, in beiden Hüften stecken Schrauben, die Halswirbelsäule ist geschient. Die berüchtigte Shuttlecock-Kurve schleudert jeden gnadenlos über die vereiste Bande, der zu schnell war. Bei jedem Sturz läutet der Sekretär dreimal mit der Glocke am Speaker's Tower, und manchmal lässt er über Lautsprecher Musik spielen: „Don't worry, be happy".

Im weißen Clubhaus mahnt ein Schild: „Wenn ein Mitglied es für nötig hält, sein Kind mitzubringen, muss

Heiß trotz Eis: Im T-Shirt arbeitet der Barkeeper in der Alpina-Schneebar auf dem Corviglia-Hochplateau

„Scheuchen Sie Ihren Pudel oder Ihre Gattin"

er gewährleisten, dass es sich ruhig und wohlerzogen verhält." Vor 70 Jahren war man noch nicht so liberal, ein Foto im Treppenhaus zeigt das Schild: „Diener sind im Club nicht zugelassen".

„Wir sind die letzten Amateure im Sport", pflegt der Colonel zu sagen. Er sitzt mittags auf der Sonnenterrasse des Kulm Hotels und trinkt Bier aus seinem Zinnhumpen mit der Gravur „The Colonel". Einmal wöchentlich treffen sich die Mitglieder zum Nikolaschka-Trinken, Schnaps mit Zitrone und Trinksprüchen, und ein Kellner erzählt hinter vorgehaltener Hand die Geschichte von dem Amerikaner, der danach auf allen Vieren aus dem Hotel gekrabbelt ist.

Das rote Gesicht von Colonel Willoughby bekommt einen verächtlichen Zug, wenn er über die VIP-Zelte und Tribünen spricht, die auf dem vereisten See aufgebaut werden. „Das interessiert mich nicht." Sein St. Moritz beschränkt sich auf die 500 Meter zwischen Kulm Hotel und Cresta Run.

Die Zeltstadt auf dem See gehört zum Poloturnier, das immer am letzten Januarwochenende ausgetragen wird. Das 200 Meter lange Spielfeld liegt auf dem St. Moritzer See, 1856 Meter über dem Meeresspiegel.

Jeden Winter frieren die Engadiner Seen verlässlich zu, um den Nikolaustag bildet sich das erste Eis. Jetzt ist es 40 Zentimeter dick und trägt ohne zu knacken 2000 Tonnen: Tribüne und VIP-Zelt, eine Polo Driving Range und das „Kaviar-Stübli". Die Zuschauer fallen kaum ins Gewicht, eher schon ihre tausend Autos, die natürlich auch auf dem Eis parken.

Im Jahre 1899 trugen britische Kavalleristen in St. Moritz das erste Polomatch aus. Wie es sich gehört, spielten sie im Sommer und auf einer Wiese. Weil aber rund um St. Moritz jeder Quadratmeter ein Vermögen wert ist, fiel der Poloplatz 1965 der Bauwut zum Opfer. Die Mitglieder des St. Moritz Polo Clubs wollten indes ungern auf den sportlichen Vorwand für ihr gesellschaftliches Ereignis verzichten. So kam man auf die Idee, ein Turnier im Winter auszutragen.

Damit der Ball auf dem verschneiten Spielfeld nicht untergeht, ist er feuerrot und so groß wie eine Bowlingkugel. Gradlinige Spielzüge sind selten, der Kommentator frotzelt: „Manches Pony hat mit seiner Vorderhand mehr Tore geschossen als der Spieler, der auf ihm sitzt." Hinter der hüfthohen Bretterbande frieren die Zuschauer: blauer Nerz und schwarzer Pelz, ein Langläufer in grüner Plastikpelle hat seine Ski abgeschnallt, ein Dackel steckt den Kopf aus Frauchens Daunenjacke. Am Stand des Graubündner Porsche-Händlers gibt's elektronische Fußwärmer zu kaufen. In der Pause nach dem ersten Chukker (Spielabschnitt) muntert der Kommentator auf: „Scheuchen Sie Ihren Pudel oder Ihre Gattin, je nachdem, wer's nötig hat." Hinter den schneeweißen Türmchen des VIP-Zelts erhebt sich St. Moritz: Der Millionen-Hügel ist mit großen Kästen voll gestellt, Hotels und Apartmenthäuser erdrücken mit ihrer Vorstadtarchitek-

St. Moritz ist der renommierteste Ferienort der Schweiz, aber vom ursprünglichen Engadiner Charme ist wenig geblieben

)as kleine Wellness-ABC

ellness Plus ***ist das kontrollierte Gütesiegel*** für eine Hotelkultur, die auf den sechs ulen ***Bewegung, Wasser, Wärme, Schönheit, Ernährung und Entspannung*** basiert!
ım Schnuppern oder zur Kurzerholung: Gönnen Sie sich ein verlängertes ochenende der Ruhe und des Genusses. Entspannen Sie sich, finden Sie die innere ısgeglichenheit wieder, tanken Sie auf und ... geniessen Sie!

- Übernachtungen inklusive Gourmet-Halbpension oder auf Wunsch leichtes Vellness Plus Verwöhnmenü
- Vellness-Basis-Package mit freier Benutzung der Wasserwelten, der Hotelbikes ınd Teilnahme am Gymnastik-Programm
- Kräuterbad nach Wahl
- Vitalmassage à 25 Minuten

wellness PLUS

a member of Alpine Classic Hotels

Hotels im Einklang mit Körper, Geist und Seele.

Für Informationen, Reservationen & Prospektbestellungen per e-mail: info@wellnessplus.ch • www.wellnessplus.ch • Telefon 041 368 10 05

Iotel Adula Flims

- Vellness-Oase LA MIRA auf 1200 m²
- Iallenbad 7.5 m x 20 m
- 5°C Outdoor-Solepool
- Kräutersauna, Rubindampfbad, Bündner Schwitzstube
- Eisgrotte, Panta Rhei Ruheraum
- Kraft- und Fitness-Tests mit TechnoGym-Geräten
- Beautytreatments mit Phytomer und Shiseido
- Thalassotherapien in der Sprudelwanne
- Heu-, Cleopatra-, Blüten- und Nachtkerzenölbäder, diverse Massagen
- Integrative Kinesiologie
- Tägliches Aktivprogramm
- Ermässigte Greenfee auf Golfplatz Domat/Ems

Wellness-ABC Angebot ab CHF 540.–

CH-7018 Flims-Waldhaus • Tel. +41 (0)81 928 28 28 • Fax +41 (0)81 928 28 29 • e-mail: info@adula.ch • www.adula.ch •

Vellness- & Spa-Hotel Beatus Merligen am Thunersee

ie Ferieninsel am Thunersee – ein Garant ır einen erlebnisreichen und erholsamen ufenthalt.

- Erlebnis-Frei-SOLBAD (35°C), Hallenbad (29°C)
- Saunapark mit 7 verschiedenen Saunas, Kneipp-Anwendungen, Ruheraum
- **«Vitalità»** for body and soul: Bäderabteilung, Thalasso, Kräuter-, Heu- und Kleopatrabäder, diverse Massagen (La Stone Therapy®, Pantai Luar, klassisch)
- Beauty-Oase «Maria Galland»
- Wasser- und Entspannungsgymnastik
- Begl. Wanderungen und Ausflüge (Mo-Fr)
- Cardio-Cross-Fitness Center

Wellness-ABC Angebot ab CHF 408.–

«Relax Royal»

CH-3658 Merligen-Thunersee • Telefon +41 (0)33 252 81 81 • Fax +41 (0)33 251 36 76 • e-mail: info@beatus.ch • www.beatus.ch •

Vellness- & Spa-Hotel Ermitage-Golf Gstaad-Schönried

ır persönlich geführtes Zuhause n Berner Oberland!

- Hallen- & Frei-Erlebnis-Solbad 35°C
- Saunapark mit 4 Saunas, Whirlpool, Eisbrunnen
- Täglich Gymnastikprogramm, Cardio-Cross
- Begl. Wander- und Sportprogramm
- Ski-Guiding
- Über 60 Bergbahnen im Winter
- **«Vitalità»:** Kleopatra-, Heu-, Kräuterbäder, Massagen (Thai, LaStone Therapy®, Pantai Luar, klassisch). Genuss zu zweit: orientalisches Rasul, «Golden Nostalgica»
- Beauty-Oase «Maria Galland»

Wellness-ABC Angebot ab CHF 524.–

«Golden Nostalgica»

H-3778 Gstaad-Schönried • Telefon +41 (0)33 748 60 60 • Fax +41 (0)33 748 60 67 • e-mail: ermitagegolf@gstaad.ch • www.ermitagegolf.ch •

Iotel Hof Weissbad Weissbad

- Am Fusse des Alpstein- und Säntisgebietes
- 86 grosszügig eingerichtete Zimmer
- In der HP täglich 17 Gerichte zur Auswahl (15 Punkte GaultMillau)
- Gesund und schön mit Molke
- Heilfasten nach Dr. F.X. Mayr
- Regenerieren für Individualisten
- Therapiezentrum & Privatklinik
- Relaxen mit St. Barth
- Meeralgen zum kennen lernen
- Fitness- und Entspannungsräume
- Innen- und Aussenbad (eigenes Wasser, auf 33 Grad erwärmt)
- Römische Saunalandschaft

Wellness-ABC Angebot ab CHF 690.–

CH-9057 Weissbad • Tel. +41 (0)71 798 80 80 • Fax +41 (0)71 798 80 90 • e-mail: hotel@hofweissbad.ch • www.hofweissbad.ch •

Vellness Hotel Chasa Montana Samnaun

- Skigebiet Samnaun-Ischgl mit 42 Liftanlagen, Skiopening am 28.11.2003!
- ausgezeichnete Gourmet- und Vitalküche, 350 edle Weine, In-Lokal «Zum Kuhstall»
- 52 Zimmer in heimischen Arvenhölzern
- 800 m² Wellness-Oase «SanaMontana» mit röm. Hallenbad, Whirlpool, Sauna, Biosauna, Dampfbäder, Fitness-Center
- Kosmetik, Massagen, Bäder- und Thalassotherapien mit exkl. Produkten von Sisley, AnnaYake und Ligne St.Barth
- Shoppen durch die Zollfrei-Geschäfte der Zegg Shopping World (Sport, Mode, Parfum, Kosmetik, Uhren, Schmuck, Tabak uvm)
- Skischule, Ski-Verleih, Skipässe im Hotel

Wellness ABC Angebot ab CHF 532.–p.P.

-7563 Samnaun • Tel. +41 (0)81 861 90 00 • Fax +41 (0)81 861 90 02 • e-mail: info@hotelchasamontana.ch • www.hotelchasamontana.ch •

Winter-Polo. Auch Ponys haben mit dem roten Ball schon Tore geschossen

tur jegliche Bergromantik. Wie ein Alibi ragt der schlanke Kirchturm aus den achtstöckigen Bausünden. Zum Glück geben die Grandhotels dem Ort noch etwas Gesicht, allen voran das Palace mit seinem markanten Turm. Dort traf sich gestern Abend die Polo-Szene zur Gala-Nacht. In der hohen Hotelhalle schimmerten Frauen in rückenfreien Abendkleidern, ein Mann trug Schottenrock zur Fliege, im wollenen Kniestrumpf steckte der Dolch.

Die „Cuvée St. Moritz“ von Pommery floss in Strömen, die Fotografen scharten sich um Lady Gwendolyn, die einzige Frau in den vier Poloteams. Leider hat ihr niemand gezeigt, wie man ein Champagnerglas hält. Ihre Hand umklammerte den Kelch wie einen Polostick, aber routiniert lächelte sie in zwei Dutzend Linsen.

Zwischen den jäh aufragenden Bergen bildet das breite Hochtal des oberen Engadin eine makellose Ebene. Der Inn durchfließt hier drei große Seen. Mit ihrer Hilfe entzieht sich die Natur dem Menschen: Baufirmen haben keine Chance, den Talgrund mit Häusern oder Straßen zu zerfurchen. So bläst der Wind bizarre Formen in das glatte Weiß. Nur eine Loipe zieht sich als endlos lange Linie durch den Schnee. Am zweiten Märzsonntag wird hier der Engadiner Skimarathon ausgetragen, 13 000 Langläufer gleiten von Maloja bis Zuoz 42 Kilometer übers verschneite Eis. Heute krabbeln nur ein paar Spaziergänger und Langläufer durch die verschwenderische Weite.

Als ein leuchtend roter Zug pfeifend über das letzte Viadukt vor St. Moritz zuckelt, rast der Lieutenant im Rennanzug mit seinem Schlitten durch die gemauerte Unterführung. Hätte er die Muße, über die Bande zu schauen, sähe er hinter den tief verschneiten Wiesen die Sgraffito-Fassaden alter Engadiner Häuser. Nach der letzten Kurve donnert er in eine dicke Schaumgummimatte, die seinen Schlitten abrupt bremst. Der Lieutenant rappelt sich auf und stakst mit steifen Gliedern zu der Bank, auf der die überlebenden Helden mit schmalen Augen in die Wintersonne blinzeln. Aus dem Lautsprecher hört er die vertraute Stimme des Clubsekretärs: „Well done again, Nigel“. □

Johannes Schweikle, *freier Autor, hat als gebürtiger Schwarzwälder natürlich Freude an allen Wintersportthemen.*
Peter Granser, *geboren 1971, lebt als Fotograf in Stuttgart.*

INFO Service

MERIAN Top Ten

Was Sie unbedingt sehen sollten:

1. **Jungfraujoch** Eine grandiose Hochgebirgslandschaft, bequem mit der spektakulärsten Bergbahn der Welt erreichbar – mitten durch die Eigernordwand.
2. **Stiftsbezirk St. Gallen** Ein Meisterwerk des Spätbarock, erbaut Mitte des 18. Jahrhunderts von vorarlbergischen Baumeistern. Unesco-Weltkulturerbe.
3. **Matterhorn** Gehört zu den schönsten Bergen der Welt, um den sich zahlreiche Bergsteigerlegenden ranken. Ein toller Blick bietet sich vom Gornergrat.
4. **Altstadt Bern** Voller Sehenswürdigkeiten. Der mittelalterliche Stadtkern mit den Gassen und den berühmten Lauben ist ein Gesamtkunstwerk.
5. **Aletsch** Mit 23 Kilometern Länge der größte Gletscher der Alpen. Seit 2002 ist das Aletschgebiet Unesco-Weltnaturerbe.
6. **Zürich** Aus der behäbigen Zwinglistadt ist eine pulsierende Metropole geworden: Sie glänzt mit Charme, wirtschaftlicher Potenz und reichem Kulturangebot.
7. **Glacier-Express** Quer durch die Alpen von St. Moritz nach Zermatt in Panoramawagen des Glacier-Express. Höhepunkt: die Überquerung des Oberalppasses.
8. **Luganer See** Ihren schönsten See teilt sich die Schweiz mit dem italienischen Nachbarn.
9. **Freiberge** Die Franches-Montagnes im Jura bezaubern mit ihrer unverbauten Landschaft.
10. **Montreux** Nirgendwo in der Schweiz ist die Belle Époque noch so lebendig wie an der mondänen Seemeile von Montreux.

Schweizer Urkapital: Alpenmilch-Produzenten am Davosersee

Meer braucht man nicht

Die Schweiz hat fast alles: vielfältige Landschaften, schöne Städte, reiche Angebote an Kultur und Sport

Die Schweiz ist von unvergleichlicher landschaftlicher Vielfalt. Auch das Meer findet würdigen Ersatz durch die vielen Seen. Sie sind als Überbleibsel der letzten Eiszeit ebenso landschaftsprägend wie die Höhenzüge des Jura, die Hügel des Mittellandes oder die tiefen Täler der Alpen.

Selbst wer sich nach Weite sehnt, braucht keinen Bogen um die Schweiz zu machen. Die Hochgebirgslandschaft von Mönch, Eiger und Jungfrau, die Eiswüste des Aletschgletschers und die Kreise, die ein Steinadler über dieser grandiosen Kulisse zieht, lassen Himmel und Erde für einen Augenblick eins werden.

Man muss sich diese alpine Wildnis, selbst als Bergsteiger, oft mit vielen anderen teilen. Der Fremdenverkehr spielte – früher als anderswo – schon im ausgehenden 19. Jahrhundert in den Schweizer Alpen eine Rolle. Er ist dort bis heute die wichtigste Einnahmequelle. Auch die Reisemotivation der Touristen hat sich kaum verändert: Genuss der überwältigenden Landschaften – und die Freude am Sport. So wie die ersten englischen Gäste ins Engadin reisten, um sich in neuen Sportarten zu versuchen, sind es heute Kite-Surfer auf dem Silvaplanersee und Snowboardfreaks in Laax, die neue sportliche Trends setzen. Die Fremdenverkehrsmanager in den Tourismusbüros haben, nach einigem Zögern, das Potential des jugendlichen Publikums erkannt – und mit einem fast schon unüberschaubarem Angebot reagiert. Sportler kommen im Winter wie im Sommer in der Schweiz voll auf ihre Kosten.

Darüber ist nicht zu vergessen, dass die Schweiz auch ein

Land voller Kulturschätze ist. Es gibt zwar keinen Louvre und keine Museumsinsel, doch eine überraschende Zahl hochklassiger Museen und Privatsammlungen. Und das reiche kulturelle Leben spielt sich nicht nur in Zürich mit seinen Theatern und der vitalen multikulturellen Szene ab, sondern auch in Basel, Bern, St. Gallen, Lausanne und Genf. Die föderale Struktur des Landes treibt zwar bisweilen seltsame Blüten, doch das Zusammentreffen dreier großer Kulturen ergibt eine faszinierende Vielfalt – und die regionalen Eigenarten erweisen sich trotz aller Globalisierungstrends als erstaunlich stabil. So zum Beispiel folgt der Almaufzug in Appenzell bis heute einem uralten Ritual, auch wenn die Sennen ihre Frauen längst per Handy benachrichtigen, dass sie heil angekommen sind.
Von den großen Kriegen in den vergangenen zwei Jahrhunderten verschont, präsentieren sich die Städte historisch, intakt und attraktiv. Bern, Bellinzona und St. Gallen haben es auf die Unesco-Welterbeliste gebracht. Kleinere wie Aarau, Neuenburg oder Lugano zeichnen sich durch geschlossene, gut erhaltene Altstädte aus, die manchem schon als Puppenstube erscheinen mögen. Doch auch die moderne Architektur findet Platz. Die Bauten eines Mario Botta oder Peter Zumthor sind für viele schon Grund genug für eine Reise in die Schweiz.
Die Gäste müssen damit leben, dass sie ihren Urlaub in einem vergleichsweise teuren Land verbringen. Ein Mehrpreis von 20 bis 30 Prozent ist bei fast allen Leistungen und Produkten die Regel. Nicht immer ist die gebotene Qualität diesen Aufschlag wert.
Vielen Hotels, vor allem in der Mittelklasse, fehlt mangels ausreichender Auslastung das Geld für notwendige Investitionen. Doch es gibt auch erfreuliche Trends: Backpacker-Hotels und Jugendherbergen bieten ein hervorragendes Preis-Leistungsverhältnis für schmale Ferienbudgets. Die Spitzenhotels haben ihr traditionelles international hohes Niveau. Im Mittelfeld lassen sich viele Hoteliers einiges einfallen, um dem Gast mehr zu bieten als den einfachen Standard. Und das ist dann wieder sein Geld wert.

Text: Urs Fitze

Weitere Texte im Serviceteil von Martin Arnold, Bernadette Conrad, Bernhard Matuschak, Thomas Veser

INFO | LEGENDE

Im Info-Teil dienen die Sprachregionen zur geografischen Orientierung: Französische, Deutsche und Italienische Schweiz.
Das dreisprachige Graubünden, wo auch die rätoromanische Minderheit lebt, haben wir aus Gründen der Übersichtlichkeit in dem Bereich „Deutsche Schweiz" untergebracht.

INFO | INHALT

Alle Adressen im Info-Magazin sind MERIAN-Empfehlungen. Die Koordinaten der Orte beziehen sich auf die MERIAN-Karte (S. 139-141) Die Adressen mit dem MERIAN-M zeichnen sich durch ein hervorragendes Preis-/Leistungsverhältnis aus. M sehr gut, M M herausragend, M M M nicht zu übertreffen. Preiskategorien Hotels: € DZ unter 50 €, € € DZ 50-100 €, € € € DZ über 100 €, € € € € DZ über 200 €. Preiskategorien Restaurants (für ein Hauptgericht): € bis 12 €, € € 12-20 €, € € € ab 20 €.

MERIAN-orbit

Auf den ersten Blick fallen drei Großräume der Schweiz auf, die alle von Südwest nach Nordost verlaufen: Das Jura im Norden, das flache Mittelland im Zentrum und der stark vergletscherte Alpenhauptkamm im Süden. Bis auf Basel befinden sich alle großen Städte und großen Seen im flachen Zentralteil. Bern zwischen dem Neuenburger und dem Thuner See, Zürich am Nordende des Zürichsees sowie Genf sind gut zu erkennen.

AUSKUNFT

Schweiz Tourismus
Postfach 16 07 54
60070 Frankfurt am Main
Tel. (008 00) 10 02 00 30 (gratis), Fax (008 00) 10 02 00 31 (gratis)
info.de@switzerland.com
www.myswitzerland.com
Informationen und Prospekte über die kostenlose Telefon-Hotline, über die auch gebucht werden kann. Ausführlich sind auch die Internetseiten.

IN DER SCHWEIZ | TOURIST-INFORMATIONEN

Ausgewählte Adressen

(E 2) Basel
Basel Tourismus
Im Stadtcasino, Barfüsserplatz/ Steinenberg 14, 4051 Basel
Tel. (061) 268 68 68
www.baseltourismus.ch

(H 6) Bellinzona
Bellinzona Turismo, Palazzo Civico/ Piazza Nosetto
6500 Bellinzona
Tel. (091) 825 21 31
www.bellinzona.ch

(D 3) Bern
Bern Tourismus, Im Bahnhof
3011 Bern, Tel. (031) 328 12 12
www.berntourismus.ch

(I 4) Chur
Chur Tourismus, Grabenstr. 5
7002 Chur, Tel. (081) 252 18 18
www.churtourismus.ch

(A/B 5) Genf
Genève Tourisme
18, Rue du Mont-Blanc
1211 Genève
Tel. (022) 909 70 00
www.geneve-tourisme.ch

(B/C 5) Lausanne
Lausanne Tourisme
2, Avenue de Rhodanie
1007 Lausanne
Tel. (021) 613 73 73
www.lausanne-tourisme.ch

(H 2) St. Gallen
St. Gallen-Bodensee Tourismus
Bahnhofpl. 1a, 9001 St. Gallen
Tel. (071) 227 37 37
www.st.gallen-bodensee.ch

(G 2) Zürich
Zürich Tourismus, Im Hauptbahnhof, 8023 Zürich
Tel. (01) 215 40 00
www.zuerich.com

DATEN | WETTER

Zürich	Jan.	Feb.	März	Apr.	Mai	Juni	Juli	Aug.	Sept.	Okt.	Nov.	Dez.
Durchschnittl. Temp. in °C Tag/Nacht	2	5	10	15	19	20	24	24	20	14	7	3
	-4	-3	0	4	8	11	13	13	10	6	1	-2
Sonnenstd./ Tag	2	3	5	6	7	7	7	7	6	3	2	2
Regen-Tage	11	10	9	11	12	13	13	13	10	10	10	10

ANREISE

Zur Einreise in die Schweiz genügt bei einem Aufenthalt bis zu drei Monaten der Personalausweis. Für Haustiere: Tollwutimpfbescheinigung!

Mit dem Auto

Aus Deutschland via Basel, Schaffhausen, Kreuzlingen und St. Margrethen. Autobahnen sind gebührenpflichtig. Vignetten (ca. 27 €) an den Grenzen, in Tankstellen und bei der Post. Tempolimit: 50 km/h in Ortschaften, 80 km/h auf Landstraßen, 100 km/h auf zweispurigen Autostraßen, 120 km/h auf Autobahnen. Temposündern drohen hohe Bußen (ca. 30 € z. B. bis 5 km/h Geschwindigkeitsüberschreitung).

Mit dem Flugzeug

Neben Swiss, Lufthansa und Austrian Airlines fliegen auch Billig-Anbieter die Schweiz an.
www.swiss.com
www.lufthansa.de
www.austrianairlines.at
www.germanwings.de
www.airberlin.de

Mit der Bahn
ICE-Verbindungen aus großen Städten, z.B. von Hamburg nach Zürich in 7 Stunden. Daneben verkehren auch Nachtzüge, wie die CityNightLine.
www.db.de, www.sbb.ch
www.citynightline.ch

Mietwagen
Alle großen Anbieter sind in der Schweiz vertreten. Empfehlenswert ist auch das sehr gut ausgebaute Netz der Carsharing -Organisation „Mobility" mit rund 1750 Autos. Wer Mitglied von DB Carsharing ist, kann auf die Mobility-Autos zurückgreifen. Buchung 7 Tage vor Reisebeginn unter:
Tel. (08 00) 128 28 28
www.mobility.ch
www.dbcarsharing.de

AKTUELLE INFORMATIONEN

Telefon
Die internationale Vorwahl für die Schweiz ist 00 41. Die Null der Regionalvorwahl bei Gesprächen aus dem Ausland weglassen. Telefonkarten gibt es in Swisscom-Shops, bei der Post und an den meisten Kiosken.

Automatischer Auskunftsdienst
Straßenzustand 163
Wetterbericht 162
Lawinenbulletin 187
(aus dem Ausland: jeweils 00 41 84 88 00 vorweg)

Telefonauskunft
Inlandsauskunft 111
Internationale Auskunft für Deutschland 1151

Zahlungsmittel
Landeswährung ist der Schweizer Franken, der in 100 Rappen unterteilt wird. Die traditionelle Hartwährung ist in letzter Zeit gegenüber dem Euro etwas billiger geworden. Der Wechselkurs liegt bei 1,50 Franken für 1 €. Euro werden in Grenzregionen und Tourismusgebieten in der Regel anstandslos akzeptiert, die gängigen Kreditkarten fast überall. In ländlichen Gebieten ist der Franken meist das einzig akzeptierte Zahlungsmittel.

Gesundheit
Kostenfreie stationäre Krankenhausbehandlung gegen Vordruck CH 11 der deutschen Kassen. Ambulante Versorgung muss zunächst selbst bezahlt werden, Teilerstattung gegen Quittungen. Private Auslandskrankenversicherung empfehlenswert.

BÜCHER

Schweiz. Baedeker. 2002. Abend, Bernhard, Anja Schliebitz u.a., 25,95 €. Ausführlich, kompetent, klar gegliedert.

Des Schweizers Schweiz Bichsel, Peter, Aufsätze, Suhrkamp 1997, 6 €. Witzig und geistreich.

Kleine Geschichte der Schweiz Hettling M. u.a., Suhrkamp 1998, 12 €. Gründliche Landesgeschichte der Eidgenossenschaft für alle, die es genauer und im Zusammenhang wissen wollen.

Lesen statt Klettern Aufsätze zur literarischen Schweiz, Loetscher, Hugo, Diogenes 2003, 22,90 €. Von Gotthelf und Keller bis zu Glauser und Hohl würdigt Loetscher die Geistesriesen, auf dessen Schultern er steht.

Schweiz mit Liechtenstein, Reise Know-how Neuenschwander, Eva Meret und Schneider, Jürg, 2002, 22,50 €. Gut recherchierte Texte mit persönlicher Note.

Winterspuren Siegrist, Dominik, Rotpunktverlag 1999, 23 €. Gute Tourenbeschreibungen für Skitourengeher und Winterwanderer durch unberührte Berglandschaften der Schweiz.

Swiss made Sorg, Reto (Hg.), Junge Autoren aus der deutschsprachigen Schweiz, Klaus Wagenbach 2001, 9,90 €. Über die junge Literatenszene.

Schweizer Geschichten Widmer, Urs, Diogenes, 8,90 €. Einer der bekanntesten Schweizer Literaten schreibt über seine Heimat.

Landesdaten

Fläche: Die Schweiz ist mit 41 293 km² Fläche etwa doppelt so groß wie Hessen.
Höchste Erhebung: Dufourspitze 4634 Meter über dem Meer
Tiefster Punkt: Ufer des Lago Maggiore, 193 Meter ü. d. Meer
Einwohner: 7,3 Millionen, davon 20,1 % Ausländer, Bevölkerungsdichte: 175 Einwohner pro km² (Deutschland: 230)
Religionen: 41,8 % römisch-katholisch, 33 % evangelisch-reformiert, 4,4 % andere christliche Glaubensgemeinschaften, 0,2 % jüdische Glaubensgemeinschaft, 4,3 % Muslime, 11,1 % ohne Religionszugehörigkeit
Sprachen: Deutsch (63 %) Französisch (20,3 %), Italienisch (6,4 %), Rätoromanisch (0,5 %) Serbisch und Kroatisch (1,3 %) Englisch (0,01 %)
Wirtschaft: Landwirtschaft 4,4 % (D: 2,6 %), Industrie 24,7 % (D: 32,8 %), Dienstleistungen 71,8 % (D: 64,6 %). Anteil der über 15j., berufstätigen Frauen: 58,8 % (D: 49,3 %), Männer: 77,4 % (D: 66,2 %)
BSP pro Kopf: 31 600 € (D: 20 300 €)
Arbeitslosigkeit: 3,6 % (D: 9,8 %)

Feste

Februar/März Die Faschingszeit ist eine Art feierlicher Ausnahmezustand. Berühmt ist die Fasnacht in Basel; weitere Zentren sind u.a. Luzern, Bellinzona.
April **Am Sechseläuten** (3. Montag im April) reiten und marschieren Zünftler in historischen Gewändern durch Zürich und verbrennen einen Schneemann aus Holzwolle. Je schneller der „Böögg" verbrennt, desto schöner wird der Sommer.
Mai/Juni Die **Himmelfahrtsprozession in Beromünster** wird von rund 250 Reitern angeführt. Auf 17 Kilometern durch Feld und Flur wird um Gottes Segen für Mensch, Tier und Acker gebeten.
Literaturtage in Soluthurn
Juli **Montreux Jazz-Festival** Die ganze Stadt wird für 14 Tage zur Musikbühne.
Paléo in Nyon Musikfestival nahe dem Genfer See.
August **Internationales Filmfestival von Locarno** Open-Air-Kino auf der Piazza Grande.
Street Parade in Zürich Farbenfrohes Spektakel.
Zürcher Theaterspektakel 2. Augusthälfte, zahlreiche Aufführungen aus aller Welt.
September Der **„Chästeilet"** zieht Sennen, Landwirte und Touristen an. Mit Alphornklängen feiert man Ende September die Aufteilung der Sommerproduktion an Käse und das Ende der Alpsaison auf dem Spycherberg über dem Thuner See.
Dezember Die Genfer feiern Mitte Dez. den 1602 errungenen Sieg über die Savoyer.

DEUTSCHE SCHWEIZ

(F 2) Aarau
1798 wurde der Ort kurze Zeit Hauptstadt der Helvetischen Republik, die Laurenzenvorstadt, damals konzipiert und teils verwirklicht, erinnert daran. In der Altstadt beeindrucken das geschlossene Gassenbild mit Reihenhäusern aus dem 16. und 17. Jahrhundert und das barocke Rathaus.

(E/F 5) Aletschgebiet
Auf einem Marsch von der Rieder- oder Bettmeralp durch den Aletschwald wird man mit einem der erhabensten Ausblicke im Alpenraum belohnt. Tief unten liegt der Gletscher, der zum Unesco-Weltnaturgut gehört. Zuvor lohnt ein Besuch der Villa Cassel mit Ausstellungen zur Landschaft (tägl. 9-18 Uhr) und des Alpengartens. Im Sommer gibt es hier das wohl schönste Kino-Openair im Berggebiet.
Villa Cassel, Riederalp

(H/I 2/3) Appenzellerland
Zwei Halbkantone bilden das Appenzellerland: Das katholische Innerrhoden ist bis heute geprägt von Landwirtschaft und Almkultur, im reformierten Ausserrhoden geht's moderner zu. Beiden gemeinsam ist die unverbaute Voralpenlandschaft mit dem mächtigen Alpsteingebirge, einem beliebten Wander- und Klettergebiet. Der Ort Appenzell gleicht mit seinem herausgeputzten historischen Kern um den Landsgemeindeplatz einer Puppenstube.

(E 2) Augusta Raurica
Die archäologischen Überreste der einstigen Römerstadt, heute Augst, sind zum Großteil ausgegraben und zugänglich. Dazu zählt das besterhaltene antike Theater nördlich der Alpen. Einzigartig: die vollständige Rekonstruktion eines römischen Wohnhauses.
August, Giebenacher Str. 17
(Römerhaus und Museum: Mo 13-17 Uhr, Di-So 10-17 Uhr, Nov.-Feb 12-13.30 Uhr geschl., Außenanlagen tägl. 10-17 Uhr)

(E 2) Basel
Die drittgrößte Schweizer Stadt (166 000 Einwohner) im Dreiländereck ist geprägt von der Chemie- und Pharmaindustrie, die ihren heutigen Reichtum begründete. Doch schon im 16. Jahrhundert zählte die

Der Rheinfall stürzt bei Schaffhausen über eine 15 bis 22 Meter hohe Jurakalkschwelle

Region Basel, 1501 zur Eidgenossenschaft gekommener Stadtstaat, zu den reichsten in Europa. Davon künden das Rathaus und die Zunft- und Gasthäuser an der Freien Strasse, bis heute die wichtigste Einkaufsmeile.

(D 3) **Bern**
Dass „diä z'Bärn obe" tun und lassen was sie wollen, ist eines der meist gehörten Bonmots an Schweizer Stammtischen. In der Hauptstadt mit der kleinstädtischen Atmosphäre (122 500 Einwohner) kann es gut sein, dass der Nachbar am Kneipentisch selbst Politiker ist. Unbedingt sehenswert: die von der Unesco als Weltkulturerbe gekrönte Altstadt – eine der schönsten in Europa, mit den charakteristischen Lauben zum Flanieren und Shoppen.

(D–F 4/5) **Berner Oberland**
Die schroffe Welt der Viertausender, die sanften Hügel des Alpenvorlandes und zwei bezaubernde Alpenrandseen: Die Region ist reich an landschaftlichen Höhepunkten, die Ziele kontrastreich: Grindelwald, Adelboden und Interlaken geben sich mondän, das Lauterbrunnental und die Lötschbergregion sind geprägt von Landwirtschaft. Spektakulärer Ausblick mit Bekanntheitsbonus: Eine Seilbahn führt von Stechelberg aus auf das 2970 Meter hohe Schilthorn mit dem Drehrestaurant Piz Gloria. Hier wurde in den 1960er Jahren ein James Bond-Film gedreht. **Stechelberg, Schilthornbahn, www.schilthorn.ch**
Die Bahn fährt alle halbe Stunde, im Sommer 7.25-16.25 Uhr und im Winter 7.55-15.55 Uhr

(I 4) **Chur**
Die Hauptstadt Graubündens mit 34 500 Einwohnern rühmt sich einer 4500jährigen Siedlungsgeschichte. Schon zur Römerzeit war sie Hauptstadt der Provinz Raetia. Seit dem 5. Jahrhundert ist sie Bischofssitz. Von dieser Tradition zeugen die Kathedrale St. Maria Himmelfahrt und das Bischofsschloss. Die lange Geschichte des Rebbaus im Bündner Rheintal zeigt das Weinbaumuseum.
Reichsgasse 11
März-Nov. tägl. 9-22 Uhr

(I/K 4/5) **Engadin**
Etwa 90 Kilometer erstreckt sich das Engadin (dt. Inn-Tal) von West nach Ost. Im Oberengadin dominieren sanfte, von eiszeitlichen Gletschern geformte Rundungen. Das Unterengadin ist schroffer. St. Moritz ist vor Pontresina das touristische Zentrum im Oberengadin. Sehenswert ist Zuoz mit den mächtigen, ornamentverzierten Engadiner Häusern, die Wohn- und Wirtschaftsbereich vereinen. Die Menschen im Engadin sprechen mehrheitlich rätoromanisch.

(G 3) **Hölloch**
Über 190 Kilometer lang ist das Höhlensystem des Höllochs in Muotatal in der hintersten Ecke des Kantons Schwyz – das längste in Europa. Unterirdische Schluchten, zauberhafte Felsgebilde, Glet-

BAHN- UND POSTAUTOLAND

Die schönsten Strecken

Wer in der Schweiz behauptet, ein Auto zu brauchen, ist auf der falschen Fährte

Als die fleißigsten Bahnfahrer der Welt haben die Schweizer auch ein perfektes Schienennetz. Und wer mit dem Zug mal nicht weiterkommt, steigt in den Postbus – der fährt bis ins hinterste Seitental.

BAHN

Glacier-Express Im Panoramawagen von St. Moritz nach Zermatt. Vor allem im Winter großartige Landschaftsbilder. Besonders spektakulär: die Fahrt über den Oberalppass.
Bernina-Express In den Kurswagen der Rhätischen Bahn von Chur nach Tirano im italienischen Veltlin. Grandios ist die Abfahrt vom Berninapass durchs Puschlav.
Montreux-Berner Oberland In Panoramawagen geht es von Montreux in die Waadtländer Alpen, weiter nach Gstaad und Zweisimmen.
Jura Durch die reizvolle Landschaft der Freiberge und der Ajoie führt der Chemin de fer du Jura.
Seelinie In einer der modernsten Bahnen verbindet die Seelinie Schaffhausen und Rorschach. Vor allem im Frühjahr zur Obstblüte ein Erlebnis.

Postbusse kennen weder Höhenangst noch Tunnelklaustropobie

POSTAUTO

Palm-Express Von St. Moritz durchs Bergell über italienisches Gebiet nach Lugano mit dem Postauto: Die vierstündige Fahrt bietet von der hochalpinen Engadiner Szenerie bis zum mediterran anmutenden Lugano große landschaftliche Vielfalt. Eine empfehlenswerte Reise vor allem im Spätwinter.
Napoléon-Route-Express Von Domodossola am Südportal des Simplonpasses führt die Route ins Wallis nach Saas-Fee. Mitte Juni bis Mitte Oktober.
Dreipässefahrt Ein Klassiker: Die Fahrt über die drei Pässe Susten, Furka und Grimsel. Besonders beeindruckend sind die Gletscherlandschaften am Susten und am Furkapass.

Bahn- und Postautofahren mit Einzelkarten ist teuer, deshalb sollte man Spezialangebote nutzen: Der **„Swiss Flexi Pass"** gilt 3, 4, 5, 6 oder 8 Tage innerhalb eines Monats auf den meisten Bahn- und Postautostrecken und im öffentlichen Nahverkehr. 3 Tage, 2. Kl., Erw.: ca. 150 €. Wer zu zweit reist, fährt günstiger. Kinder bis 16 Jahren in Begleitung ihrer Eltern mit Familienkarte fahren gratis. Familienkarten sind an jedem Bahnschalter erhältlich.
www.sbb.ch, www.postauto.ch

Die historische Seite der Weltstadt: Zürich, mit Limmat und Großmünst

schermühlen, Versteinerungen, Stalaktiten und Stalagmiten werden bei ganzjährig angebotenen Führungen erklärt.
Trekking Team
Tel. (041) 390 40 40
Okt.-Mai nur auf Anfrage

(E/F 4/5) **Jungfraujoch**
Mit der Jungfraubahn in die hochalpine Gletscherwelt von Eiger, Mönch und Jungfrau. Gegen zahlreiche Widerstände setzte Adolf Guyer-Zeller Ende des 19. Jahrhunderts das wohl verrückteste Bergbahnprojekt aller Zeiten durch. Rund 500 000 Passagiere gönnen sich jährlich das teure und spektakulärste Eisenbahnerlebnis in der Schweiz (Hin- und Rückfahrt: 69 Euro).
Ab Kleine Scheidegg (erreichbar per Bahn ab Interlaken über Grindelwald oder Lauterbrunnen)

(G 3) **Kloster Einsiedeln**
Aus aller Welt pilgern Gläubige her, um in der Gnadenkapelle die „Schwarze Mutter Gottes", ein aus Holz geschnitztes Gnadenbild, zu bewundern. Das 934 gegründete Benediktinerkloster brannte in seiner Geschichte fünfmal nieder, zuletzt 1577. Der heutige Bau stammt aus der ersten Hälfte des 18. Jahrhunderts. Wie eine gewaltige Bühnenanlage wirkt die Hauptfassade. Auf dem Klosterplatz wird alle fünf bis acht Jahre (nächstes Mal: 2007) das „Große Welttheater" aufgeführt.

(F 3) **Luzern**
Eines der beliebtesten Reiseziele der Schweiz (57 000 Einwohner). Schöne Altstadt, attraktives Umland am Vierwaldstätter See. Brand und Wiederaufbau der überdachten Kapellbrücke bewegten 1993 das ganze Land. Ein architektonisches Highlight kam im Jahr 2000 dazu: das KKL (Kultur- und Kongresszentrum) mit dem riesigen Flachdach vom französischen Architekten Jean Nouvel. Top: Das Verkehrshaus (siehe unter Museen auf S. 53). Wem der Altstadt-Rummel zu viel wird, der erholt sich bei einer Fahrt mit der Zahnradbahn auf den Hausberg Pilatus.

(L 4) **Kloster St. Johann**
Der Legende nach geht das Kloster St. Johann in Müstair im Münstertal auf ein Gelübde Karls des Großen zurück. Als er in den Alpen in

Luzern: die Kapellbrücke

einen lebensbedrohlichen Schneesturm geriet, habe er gelobt, ein Kloster zu errichten. Der Freskenzyklus in der Kirche der Abtei jedenfalls stammt zweifelsfrei aus dem 8. und 12. Jahrhundert. Ihm verdankt St. Johann die Aufnahme in das Unesco-Weltkulturerbe.

(F 5) Obergoms
Landschaftlich kann es das Obergoms im Wallis locker mit dem Engadin aufnehmen. Münster oder Geschinen stellen mit ihren bäuerlichen Siedlungen St. Moritz gar in den Schatten. Doch das ursprüngliche Obergoms ist Randregion geblieben, in dem der Massentourismus sich nie entwickelt hat. Tolles Gebiet für Langläufer und Wanderer.

(G 1) Rheinfall
Der größte Wasserfall Europas. Auf einer Breite von 150 Metern rauschen bei mittlerer Wasserführung 700 Kubikmeter Wasser pro Sekunde 23 Meter in die Tiefe. Hautnah wird das Erlebnis bei einer Fahrt zum mittleren Felsen.
Bootsüberfahrten zum mittleren Felsen von Apr.-Ende Okt.
Infos: www.maendli.ch

(E 3) Solothurn
Ein Solitär unter den schmucken Schweizer Städten. Solothurn (15 000 Einwohner) macht mit dem dem besterhaltenen barocken Stadtbild Eindruck. Die Turmgalerie der St.-Ursen-Kathedrale, des Wahrzeichens der Stadt an der Aare, bietet eine wunderbare Aussicht. Lohnenswert: ein Spaziergang zur großzügigen Anlage des barocken Schlosses Waldegg.

(H 2) St. Gallen
Anziehungspunkt der vitalen Stadt (70 000 Einwohner) ist der Stiftsbezirk mit der Stiftsbibliothek (seit 1983 auf der Welterbeliste der Unesco). In ihrem Barocksaal beherbergt die Stiftsbibliothek eine der wertvollsten Sammlungen mittelalterlicher Handschriften.
St. Gallen, Klosterhof 6D
Öffnungszeiten per Ansage: Tel. (071) 227 34 15

(G 2) Museum Lindwurm
Auf drei Etagen des prachtvollen Bürgerhauses und des Hinterhauses gibt das Museum Einblick in die bürgerliche und bäuerliche Welt des 19. Jahrhunderts.
Stein am Rhein, Unterstadt 18
März bis Ende Okt. 10-17 Uhr
Di geschlossen

(G/H 4) Urnerboden
Seit Jahrhunderten ziehen Hirten aus dem Kanton Uri über den Klausenpass auf den Urnerboden, die größte Alp der Schweiz auf 1400 Metern Höhe. Herrlich zum Wandern und sich direkt beim Almhirten verköstigen. Alle vier bis fünf Jahre im September Schauplatz eines Oldtimerrennens (nächstes Mal: 2006)

(F/G 3) Vierwaldstätter See
Als Schauplatz von „Wilhelm Tell" hat es der Vierwaldstätter See dank Schiller zu literarischen Ehren gebracht. Noch heute zählt eine Dampferfahrt zum Rütli, wo der Legende nach der erste Bund der Eidgenossen geschlossen wurde, zum Pflichtprogramm jedes Grundschülers. Eine schöne Wanderstrecke ist der „Weg der Schweiz" um den Urner See (von der Rütli-Wiese bis nach Brunnen).

(G 2) Winterthur
Keine Schweizer Stadt ist so von der Industrialisierung geprägt wie Winterthur (89 000 Einwohner), bekannt durch die Maschinenindustrie. Die Altstadt ist ein geschlossenes Ensemble mit von Erkern verzierten Bürgerhäusern. Unter den zahlreichen Museen sind das Fotomuseum und die Sammlung Oskar Reinhart zu empfehlen (s. unter Museen auf S. 53).

(K 4) Schweizerischer Nationalpark
Schöne Wanderrouten erschließen den Nationalpark. Sehenswert: das Nationalparkhaus mit Ausstellung über Fauna und Flora.
Zernez *1. Juni-31. Okt. tägl. 8.30-18 Uhr, Di bis 22 Uhr*
www.nationalpark.ch

(G 2) Zürich
Eingebettet in ein eindrucksvolles Natur-Szenario mit Fluss, See und Alpenpanorama bietet Zürich (338 000 Einwohner)

MERIAN | TIPP

Schlösser am Untersee
Der malerische Untersee zwischen Kreuzlingen und Stein am Rhein war stets Refugium für jene, die es gern ein bisschen besser haben. Der spätere Kaiser Napoleon III. verbrachte auf Schloss Arenenberg bei Salenstein die Kindheit. Seine Entourage wollte nicht nachstehen und errichtete in der Nähe weitere Schlösser.
Auch die Profiteure der Industrialisierung bauten im ausgehenden 19. Jahrhundert ihre kitschigen Neuschwansteins am Untersee. Einige Schlösser sind zugänglich, darunter Schloss Arenenberg mit dem sehenswerten Napoleon-Museum.
(H 1) Salenstein
Di-So 10 bis 17 Uhr

MERIAN | TIPP

Gornergrat – Matterhorn
Die angemessene Annäherung an das Matterhorn: Wie ein Tatzelwurm schraubt sich die Gornergrat-Bahn in die Höhe. Mit jedem Meter wirkt das fast 4500 Meter hohe Matterhorn mächtiger. Ein imposanter Berg, etwas abseits der vergletscherten Kette des Monte Rosa. Es war bereits eine Pionierleistung, eine Bahn nach Zermatt zu bauen. Sie aber von dort auf über 3000 Höhenmeter auf den Gornergrat zu verlängern, scheint selbst aus heutiger Sicht waghalsig. Doch die damaligen Touristiker bewiesen Weitsicht. Der Blick auf 29 Berge über 4000 Meter ist einmalig und zieht jährlich rund 700 000 Fahrgäste an.
(E 6) Gornergrat-Monte-Rosa-Bahnen am Bahnhofsplatz, Zermatt, ca. 45 € (hin und zurück), Tel. (027) 921 47 13 www.ggb.ch

Kultur, Gastronomie und Shopping auf hohem Niveau. Vom Kunsthaus ist es ein Sprung ins Neumarkttheater, von dort fünf Minuten über die Limmat zum Fraumünster mit den Chagall-Fenstern; ein paar Schritte weiter liegt die Handwerkergasse im alten Quartier „Schipfe“ am Flussufer. Der Lindenhof ist eine kleine Ruheoase mitten in der Stadt, die den Blick freigibt auf das Niederdorf. Wer den Überblick will, besteigt den Uetli, den Zürcher Hausberg.

FRANZÖSISCHE SCHWEIZ

(C 5) **Salinen von Bex**
Seit etwa 500 Jahren gewinnt man Salz im Unterwallis. Heute wird es mit einem modernen Verfahren unter Hochdruck direkt aus dem Fels gelöst und zu einem großen Teil an die nahen Chemiewerke in Monthey geliefert. Der still gelegte Teil des Salzbergwerks kann besichtigt werden.
Bex, Tel. (024) 463 03 30
wechselnde Öffnungszeiten

(D 5) **Derborence**
Tonnen von Felsgestein, die sich von den „Teufelsstöcken“ am Südfuß der Walliser Diablerets gelöst hatten, begruben 1714 18 Bewohner von Derborence und ihr Vieh unter sich. Mittlerweile hat sich die Trümmeralp zu einer faszinierenden Naturlandschaft gewandelt.

(C/D 3) **Freiberge**
Auf 1000 bis 1100 Meter Höhe erstreckt sich die sanfte Hügellandschaft der Freiberge (Franches-Montagnes) im Jura. Wiesen und Wälder scheinen nahtlos ineinander über zu gehen. Einzeln stehende Bäume verleihen den Freibergen einen Park-Charakter. Saignelégier ist Hauptort und Zentrum der Pferdezucht. Zum nationalen Pferdemarkt (Marché Concours) am zweiten Augustwochende versammeln sich jährlich Tausende Liebhaber der „Freiberger“-Pferde.

Schloss Chillon auf einer Insel im Genfer See inspirierte die Romantiker

(D 4) **Freiburg**
Die Universitätsstadt (36 500 Einwohner) liegt am Schnittpunkt zwischen der deutschen und der welschen Schweiz. Ihre weitgehend intakte Altstadt bildet eines der größten erhaltenen Ortsbilder des mittelalterlichen Europa. Wahrzeichen Freiburgs ist die gotische Kathedrale St. Nikolaus. Von der Plattform des 76 Meter hohen Turmes bietet sich eine einmalige Rundsicht über die in die Saaneschlucht hineingezwängte Stadt.

(A/B 5) **Genf**
Genf (175 000 Einwohner) ist Sitz vieler internationaler Institutionen. Oberhalb des historischen Zentrums erhebt sich die romanisch-gotische Kathedrale St. Peter. In der Nähe des Rathauses mit seiner schönen Renaissance-Fassade befindet sich das Geburtshaus des Philosophen Jean-Jacques Rousseau. Ein

Reformationsdenkmal erinnert an Johannes Calvin, dessen strenge geistliche Herrschaft Genf zur Bezeichnung „protestantisches Rom“ verhalf.

(A/B 5) Kernforschungszentrum CERN

6500 Wissenschaftler aus 80 Ländern forschen am „Europäischen Laboratorium für Teilchenphysik“. Im Besucherzentrum (Mo-Sa 9-17 Uhr) ist keine Voranmeldung nötig. Ergiebiger ist jedoch eine geführte Tour zu einem der Experimente.
Genf, Visits Service *Voranmeldung: Tel. (022) 767 84 84*

(D 6) Grande Dixence

Wasser ist der einzige Rohstoff, den das Alpenland in nennenswerten Mengen vorweisen kann. Einen Eindruck davon können Besucher am Stausee Grande Dixence gewinnen. Die Staumauer ist mit 285 Metern eine der höchsten der Welt. Der Stausee umfasst 400 Millionen Kubikmeter Wasser.
Hérémence, ca. 30 km von Sion *Geführte Besichtigungen innerhalb der Staumauer: Juni-Sept. 11.30, 13.30, 15 und 16 Uhr*

(B 4) Lac de Joux

Neun Kilometer lang ist der stille Lac de Joux, ein von Wäldern gesäumter Bergsee auf 1000 Metern über dem Meer im Waadtländer Jura. Er liegt abseits großer touristischer Routen. Am nordöstlichen Ufer findet sich das Dorf L'Abbaye. Ein romanischer Kirchturm ist der Rest eines im 12. Jahrhundert gegründeten Prämonstratenserklosters. Le Sentier und Le Brassus im Südwesten sind Standorte berühmter Uhrenfabriken.

(B/C 5) Lausanne

Weingüter und Parkanlagen rahmen die hügelige Hauptstadt des Waadtlandes am Genfer See (115 000 Einwohner). Hier amtiert das Bundesgericht und hat das Internationale Olympische Kommitee seinen Sitz. Von 1536 bis 1798 stand das Waadtland mit Lausanne unter Berner Herrschaft, 1803 wurde ein eigener Kanton gegründet. Heute befinden sich im 1431 vollendeten Schloss St-Maire Kantonsbehörden. Die Kathedrale entstand zwischen 1173 und 1275. Zu den architektonischen Schmuckstücken der Altstadt zählen das Rathaus und die Alte Akademie.

(C 5) Montreux

Früher mondänster Kurort am Genfer See, besitzt Montreux eine Vielzahl von Luxushotels aus der Gründerzeit. Hier befindet sich auch eines der renommierten Ausbildungsinstitute für Hoteliers. Zu den bekanntesten kulturellen Veranstaltungen zählen das Jazzfestival, das jährlich Zehntausende anzieht, und das Schlagerfestival „Rose von Montreux“.

(C 5) Château de Chillon

Kein mittelalterliches Baudenkmal der Schweiz hat die Schriftsteller der Romantik stärker fasziniert als Schloss Chillon, im 12. Jahrhundert auf einer Felseninsel bei Montreux errichtet. Lord Byron verfasste 1816 hier das Gedicht „The Prisoner of Chillon“. Schriftstellerin Mary Shelley ließ sich zu ihrem Roman „Frankenstein“ inspirieren.
Veytaux *ca. 3 km von Montreux Jan., Febr., Nov., Dez. 10-16 Uhr, März, Okt. 9.30-17 Uhr, April bis Sept. 9-18 Uhr*

(C 3) Neuenburg

Die mittelalterliche Altstadt wird vom Schloss überragt. Von hier sieht man die Berner Alpen und den drittgrößten Schweizer See.

Zersiedelt

60 Prozent der Schweizer Landesfläche liegen in den Alpen, 10 Prozent im Jura, nur 30 Prozent bieten als Siedlungs- und Wirtschaftsraum günstige geografische Voraussetzungen. Entsprechend dicht besiedelt ist das Mittelland, das sich vom Ufer des Bodensees bis nach Genf erstreckt. Der Landesdurchschnitt liegt bei 182 Einwohnern pro Quadratkilometer. Österreich als vergleichbares Gebirgsland erreicht nur 98. Im Schweizer Mittelland dagegen beträgt die Quote 460, was etwa der Bevölkerungsdichte der Niederlande entspricht. Das andere Extrem markiert Graubünden mit 26 Einwohnern pro Quadratkilometer.

An dessen Ufern wurden bei Neuenburg (Neuchâtel) in den letzten Jahren über hundert archäologische Funde gemacht, die nun im neuen Museum Laténium (Espace Paul Vouga in Hauterive, Di-So 10-17 Uhr) ausgestellt werden. Sehenswert ist auch das von dem Tessiner Stararchitekten Mario Botta errichtete Centre Dürrenmatt, das dem berühmten Schweizer Schriftsteller gewidmet ist.
74, Chemin du Pertuis-du-Sault, *Mi-So 11-17 Uhr*

(C/D 5) Pays d'Enhaut
Zwischen Greyerz und Gstaad erstreckt sich der gebirgige und bäuerliche Abschnitt des Waadtlandes. Im idyllischen Pays d'Enhaut produziert man Käse und widmet sich vor allem dem Kunsthandwerk. Bekannt geworden ist die Gegend wegen ihrer schönen Naturlandschaften, darunter das Schutzgebiet La Pierreuse, das zu den größten der Schweiz zählt.

Feriengestade für Flaneure und Bootsfahrer in der mildesten Klimazone

(B 4) Romainmôtier
Als Bern nach der Reformation das Waadtland unterwarf, wurde die Klosteranlage der altertümlichen Ortschaft Romainmôtier zum größten Teil zerstört, nur die romanische Basilika blieb verschont. Die Wandgemälde im Innern wurden mit weißer Farbe übertüncht. Seit dem 19. Jahrhundert frei gelegt, gehören die Beweinungsgruppe, die sitzende Maria im Strahlenkranz sowie Petrus und Paulus zu den reifsten künstlerischen Leistungen des 15. Jahrhunderts.

(C 4) Haus von Anderswo
„Maison d'Ailleurs" zeigt Wechselausstellungen zum Thema „Leben im Weltraum" und führt eine der weltweit größten Sammlungen von Science-Fiction-Romanen. Die futuristische Bibliothek diente der Europäischen Weltraum-Organisation einst als Ideenbörse.
Yverdon-les-Bains, 14, Place Pestalozzi www.ailleurs.ch
Mi-Fr 14-18, Sa/So 12-18 Uhr, zwischen den einzelnen Ausstellungen geschlossen.

ITALIENISCHE SCHWEIZ

(H 6) Bellinzonas Burgen
Ihre Lage als Schnittstelle zwischen Norden und Süden verdankt die Tessiner Hauptstadt Bellinzona (20 000 Einwohner) den Ausbau zur Festung. Drei mittelalterliche Burgen prägen die Stadt: Castelgrande, Castello Montebello und Castello Sasso Corbaro, die heute auf der Liste des Unesco-Weltkulturerbes stehen. Das Castelgrande wurde in den1980er Jahren aufwändig restauriert. Ein moderner Lift führt in die alte Welt.

(G/H 6) Lugano
Mediterranes Klima zeichnet Lugano aus, die größte Stadt (26 000 Einwohner) und zugleich Finanzmetropole im Tessin. Als lombardische Steinmetze im 15. und 16. Jahrhundert die Kathedrale in Lugano gestalteten, verzierten sie die Fassaden mit herrlichen Skulpturen und Reliefs im Stil der Renaissance. Italienisches Gepräge erhielt außer der Kathedrale San Lorenzo auch das Gotteshaus Santa Maria degli Angeli mit dem Passionsfresko. Reizvoll ist die Lage der Stadt am Luganer See, der von waldreichen Bergrücken gesäumt ist, darunter der Monte Bré und San Salvatore deren Gipfel mit Seilbahnen erreichbar sind und fantastische Ausblicke bieten.

(G 6) Madonna del Sasso
Locarno (14 500 Einwohner) hat das mildeste Klima der Schweiz. Oberhalb der Stadt, in Orselina, erhebt sich die

weiz: Lugano mit Seepromenade

ockergelbe Wallfahrtskirche Madonna del Sasso. Der Legende nach hatte der Mönch Bartolomeo d'Ivrea 1480 hier eine Marienerscheinung. Fresken und Stuck zieren das Innere der Kirche. Sehr beeindruckend: die Terrakottafiguren in zwei Kapellen, die das Letzte Abendmahl und das Pfingstwunder darstellen und dem Künstler Francesco Silva zugerechnet werden.

(G/H 6) Monte San Giorgio
Im Juli 2003 in die Unesco-Welterbeliste aufgenommen, gilt der Monte San Giorgio an der Grenze zu Italien als eine der ergiebigsten fossilen Fundstätten der Welt. Schon seit dem 19. Jahrhundert werden die gut erhaltenen Versteinerungen aus dem Mitteltrias erforscht: darunter 30 Reptilienarten, 80 Fischarten und 100 wirbellose. Ausstellung im Merider Fossilmuseum (tägl. 8-18 Uhr).

(G 6) Monte Tamaro
Über der Magadino-Ebene wächst der mit Porphyr verkleidete Kapellenrundbau wie eine Burg in die Höhe. Architekt Mario Botta hat Santa Maria degli Angeli über eine ca. 65 Meter lange Steinbrücke mit dem abschüssigen Gelände verbunden und damit den Höhenunterschied zwischen Hang und begehbarem Kapellendach ausgeglichen. Ein Kreuz an der Freiluftkanzel markiert den Fluchtpunkt, dem sich die Besucher wie auf einem Prozessionsweg nähern.

(G 6) Teatro Dimitri
Im Dorf Verscio im schönen Centovalli-Tal führt Clown Dimitri seit mehr als 30 Jahren sein Theater und außerdem eine Schule für Bewegung, Körperausdruck und Akrobatik. Bis zu 200 Veranstaltungen finden hier im Jahr statt. Neben Dimitri, einem festen Ensemble und Theaterschülern bieten Gastspiel-Aufführungen ein attraktives Programm. Im Herbst außerdem ein Tanzfestival.
Verscio, Teatro Dimitri
Tel. (091) 796 25 44

Schweizer Wein

Im Ausland sind Weine aus der Schweiz praktisch unbekannt. Das liegt hauptsächlich an den hohen Preisen, die selbst für durchschnittliche Gewächse verlangt werden. Aber auch das Image ist nicht das Beste. Jahrzehntelang wurde vor allem im Westen des Landes der Massenproduktion gefrönt, die sich nur dank protektionistischer Maßnahmen an der Grenze gegenüber der günstigeren und oft besseren ausländischen Konkurrenz überhaupt absetzen ließ. Doch diese Zeiten neigen sich dem Ende. Vor allem aus dem Wallis, aber auch von den Hängen am Genfer See, aus dem Tessin und dem Rheintaler Abschnitt Graubündens kommen bemerkenswerte Weine, die auch internationale Konkurrenz nicht mehr zu scheuen brauchen. Neben den wenigen Spitzenwinzern haben auch die weniger ambitionierten Weinmacher dazugelernt. Im Restaurant darf man getrost auch eine günstigere Flasche bestellen. Die bekanntesten Sorten: die roten Pinot Noir, Gamay, Merlot und Blauburgunder und die weißen Chasselas und Müller-Thurgau. Weitere Infos: **www.swisswine.ch**

MERIAN | TIPP

Trois Tours M
In einem geräumigen Patrizierwohnhaus aus dem 19. Jahrhundert wird in zwei Speisesälen getafelt, einer von ihnen modern, der andere eher klassisch gehalten. Cuisinier und Restaurantinhaber Alain Bächler hat etliche Jahre im Ausland gearbeitet und schätzt leichte Gerichte, die er nach eigenen Worten oft „aus dem Bauch heraus" komponiert, Lammfilet Mignon mit Minze etwa oder Rehrücken mit gepfefferten Sauerkirschen. Soja und grüner Ingwer verleihen seinen mit Thunfisch gefüllten Cannelloni eine exotische Note.
(D 4) Freiburg-Bürglen
15, Route de Bourguillon
Tel. (026) 322 30 69
geschl. Mo u. Di €€€

Schweizer Weine sind international wenig bekannt. Weinlese im Wallis

DEUTSCHE SCHWEIZ

(E 2) Basel
Gifthüttli
Traditionsbetrieb mit der Atmosphäre einer typischen Basler Beiz. Gute Küche zu moderaten Preisen. Im ersten Stock: das Restaurant Cordon Bleu für gehobenere Ansprüche.
Schneidergasse 11
Tel. (061) 261 16 56
10-24 Uhr, So geschl. €€

(D 3) Bern
Zur alten Post
Gemütliches typisch bernisches Restaurant mit angenehmer Atmosphäre und alle zwei bis drei Wochen wechselnder Karte.
Rathausgasse 27
Tel. (031) 311 41 84
ab 17.30 Uhr, So geschl. €€

(H 4) Flims
Conn M M M
Diesem Restaurant außerhalb von Flims kann man sich nur per Pferdekutsche oder zu Fuß nähern. Unvergleichlich sind die Triner Birnenravioli. Wirt Guido Casty ist Mitglied von Slow Food Schweiz.
Tel. (081) 911 12 31
Wintersaison: Dez.-April, Sommer: Mai-Okt., 9-18 Uhr €€

(H 2) Hagenwil bei Amriswil
Schloss Hagenwil M M
Fischfondue ist die Spezialität im Restaurant des alten Wasserschlosses, das auch über eigene Landwirtschaft und einen Weinberg verfügt. Gespeist wird in der Biedermeier-Stube mit Blick auf die Thurgauer Hügelwelt.
Hagenwil 1
Tel. (071) 411 19 13
Mi geschl., Mo, Do, Fr ab 9 Uhr geöffnet, 14-17 Uhr geschl., Di 9-14 Uhr, Sa u. So durchgehend €€

(F 3) Luzern
Rotes Gatter
Auf einer Terrasse an der Reuss mit Blick auf die Kapellbrücke wird köstliches Allerlei aus allen Schweizer Regionen serviert.
Metzgerrainle 7
Tel. (041) 418 28 15 €€

(H/I 2) Rehetobel
Gasthaus zum Gupf M
Östlich von St. Gallen gelegen mit ausgezeichneter Küche und herausragender Weinkarte.
Tel. (071) 877 11 10
Mi-So 11.30-15 und 18-24 Uhr €€€

(G 1) Schaffhausen
Fischerzunft M M M
Asiatische Kochkunst trifft europäische Spitzenküche. Seit Jahren der Restauranthimmel der Schweiz und zu Recht mit den höchsten Bewertungen der Gastropäpste bedacht.
Rheinquai 8, Tel. (052) 632 05 05
Jan.-März Mo und Di Ruhetag €€€

(K 4) S-charl
Crusch Alba M
Engadiner Spezialitäten im traumhaften Ambiente des unberührten S-charltales. Hervorragende Wildgerichte.
Tel. (081) 864 14 05
Nov.-Ende Mai geschl. €€

(E 3) Solothurn
Kreuz M M
Gutes biologisches Essen mit reicher Vegi-Karte. Im gleichen Haus: regelmäßig Theater und Konzerte.
Kreuzgasse 4, Tel. (032) 622 20 20 *Mo-Do 11-23.30 Fr 11-0.30, Sa 9-0.30 Uhr So 14-23.30 Uhr* €

(G 2) Stein am Rhein
Zum roten Sofa M M
Im Zunfthaus zur Rosen und über den Dächern des malerischen Stein am Rhein befindet sich das wohl kleinste Dachterrassenrestaurant der Welt mit einem Tisch und Sofa für zwei Gäste. „Napoleons Leidenschaften" heißt die Speisenfolge, die ein Kellner im Butlerlook den Verliebten serviert.
Oberstadt 7, Tel. (052) 741 60 30
Di geschl., Menü ca. 65 € pro P.

(E 6) Zermatt
Chez Heini M M
Ein Muss in Zermatt. Urs Biner serviert zartes Walliser Lamm aus eigener Zucht. Seine fantasievollen Vorspeisen, sorgfältig zubereiteten Beilagen und kreativen Nachtische verraten den exquisiten Koch. Abends, wenn die Gäste satt sind, wird Biner zu Dan Daniell und singt Schlager. Das tut er so erfolgreich, dass er schon eine Goldene Schallplatte erhielt.
Tel. (027) 967 16 30
Mitte Nov. bis 1. Apr. ab 19 Uhr, Juli bis Mitte Okt. ab 19 Uhr
€€€

(G 2) Zürich
Restaurant Reithalle
Internationale Küche in rustikalem Ambiente: die Futtertröge verraten, dass hier einmal die Stallungen waren. Heute spielt direkt nebenan die internationale Theaterszene.
Gessnerallee 8
Tel. (01) 212 07 67 *Mo-Fr 11-24, Sa u. So 18-24 Uhr* €€

FRANZÖSISCHE SCHWEIZ

(D 4) Cerniat
La Pinte des Mossettes M M
Oberhalb eines Klosters gelegen, bietet La Pinte des Mossettes mit seiner Naturterrasse einen hervorragenden Ausblick über die Hügel des Greyerzerlandes. Köchin Judith Baumann bereitet eine extravagante Schweizer Küche, angereichert mit Bergkräutern und Wildblumen.
La Valsainte, Tel. (026) 927 20 97
So Abend, Mo u. Di geschl., reservieren €€€

THIS IS THE
CHIVAS
LIFE
Ice fishing in Alaska.
CHIVAS REGAL
12
PREMIUM SCOTCH
WHISKY
CHIVAS BROTHERS LTD

SITE-SEEING

TEXT: PETER GLASER

Homepage von Heidi

Von Alphornmusik bis Schwyzerdütsch – im Schweizer Netz gibt es alles

„Ich halte mich je länger je lieber in der Schweiz auf", bekennt die deutsche Schriftstellerin und Filmemacherin Doris Dörrie. „In der Schweiz gibt es einen unvermuteten Individualismus, der fast britisch-egozentrisch daherkommt, aber offen ist." Einen guten ersten Eindruck von diesem Menschenschlag gibt die Sammlung der Interviews aus dem *Brückenbauer* (Organ des Migros-Genossenschafts-Bundes) unter **www.brueckenbauer.ch/iviews.htm**. Wer der eidgenössischen Vielfalt auf den Grund gehen möchte, kann mit speziellen Schweizer Suchmaschinen wie **www.search.ch** oder dem Schweizer Webverzeichnis **www.sharelook.ch** beginnen, wo sich auch Tourismusinformationen und Auskünfte zu Kultur, Landschaften und Regionen finden. Ausgezeichnetes auf Englisch liefert auch der kompakte, reich verlinkte Artikel über die Schweiz in der „Free Encyclopedia Wikipedia" (**de.wikipedia.org/wiki/Schweiz**). Spezielle Reise-Portale, etwa **www.reisen.ch**, **www.tour-de-suisse.net** oder **www.tiscover.ch** (Swiss Travel Network, mit zahlreichen Webcams) kommen dem Buchungshungrigen, ob er nun Unterkunft, Flug, Mietwagen oder kulinarische Themenrouten sucht, entgegen. Unter **www.myswitzerland.com** steht unter anderem eine interaktive Karte der Schweiz zur Verfügung, auf der man über einzelne Regionen und die Websites größerer Städte informiert wird; man kann hier auch Schweiz-Experten konsultieren und einen kostenlosen Newsletter abonnieren. Ortspläne und zoombare Karten gibt es unter **www.ortsplan.ch.** Man hat von allem reichlich in der Schweiz, das ist auch im Netz nicht zu übersehen – **www.virtuelle-schweiz.ch** etwa glänzt durch Fotos und Links von mehreren hundert Schweizer Ortschaften. Unter **www.museums.ch** gibt es vom Aadorfer Agrotechnorama bis zum Bezirksmuseum „Höfli" in Zurzach Hunderte von historischen, technischen, Heimat- und Kunstmuseen im Überblick. Unter **www.theater.ch** ist eine der umfangreichsten aktuellen Datensammlung zum Theater abrufbar. Ebenfalls opulent die Linkliste **www.mediamonster.de/pich.htm** zu Printmedien von der *Aargauer Zeitung* über die hoch angesehene *Neue Zürcher Zeitung* bis zur *Züri Woche*. Wer schon mal aus der Ferne ins Helvetische hineinhören möchte, kann unter **www.surfmusik.de/schweiz.htm** Livemusik von Schweizer Radiosendern empfangen oder unter **www.cafestube.net/schweizerdeutsch.htm** anhand von Wort- und Hörbeispielen seine Kenntnisse des Schweizerdeutschen auffrischen. Und natürlich darf die Heidi-Homepage unter **www.myheidi.ch** ebensowenig fehlen wie **www.alphornmusik.ch** – oder?

Auf ins Heidiland – durchs Netz

(B/C 4) Crissier
Restaurant de l'Hôtel de Ville M M M
Philippe Rochat und seine Köche zelebrieren Gastronomie auf allerhöchstem Niveau. Eine der besten Adressen der Schweiz.
1, Rue d'Yverdon
Tel.(021) 634 05 05
So u. Mo geschl. € € €

(A 5) Dardagny
Auberge de Dardagny M
Heißer Beinschinken und Lamm-Gigot mit Ratatouille zählen zu den Evergreens des volkstümlichen Gasthauses im Genfer Rebland. Im Sommer genießt man die Mahlzeiten unter den uralten Platanen des Gartens.
504, Route du Mandement
Tel. (022) 754 14 72
Mo u. Di geschl. €

(D 4) Freiburg
Auberge de la Cigogne M M
Saisonale Küche mit frischen Produkten vom Markt. Gute Mittagsmenüs und hervorragende vegetarische Gerichte. Im Sommer mit schönem Innenhof.
24, Rue d'Or
Tel. (026) 322 68 34
So u. Mo geschl. € € €

(A/B 5) Genf
Brasserie Lipp M M
Meeresfrüchte und eine beeindruckende Auswahl an Fisch, bisweilen mit Sauerkraut garniert, sind die Stärken der Brasserie, die nach dem Vorbild des Pariser Lipp am Boulevard St-Germain gestaltet ist. Man kann fast non-stop bestellen.
8, Rue de la Confédération
Tel. (022) 311 10 11
tägl. von 7-2, letzte Bestellung 0.45 Uhr € €

(C 3) Neuenburg
Hôtel Du Peyrou M M M
Nahe der Altstadt. Der australische Küchenchef Graig Pendlington serviert im um 1770 erbauten Château raffinierte Speisen aus frischen Produkten.
1, Avenue Du Peyrou
Tel. (032) 725 11 83
Di-Sa 9-24 Uhr € € €

ITALIENISCHE SCHWEIZ

(H 6) Bellinzona
Castelgrande M M
Schwarz und weiß kontrastieren im modernen Spitzenrestaurant der Hauptburg. Zur mediterran-leichten Speisenpalette empfiehlt das Haus gern Tessiner Weine, bisweilen bietet man Gerichte nach Rezepten der Renaissance-Epoche an.
Castelgrande
Tel. (091) 826 23 53
Mo geschl., im Winter auch So abends € € €

(G/H 6) Pazzallo
Grotto Morchino M
Traditionelle, mit viel Liebe zubereitete Tessiner Küche. Nahe Lugano beim Monte San Salvatore wunderbar zwischen großen Kastanien gelegen.
von Lugano aus an der Straße Richtung Carona
Tel. (091) 994 60 44
Mo u. Sa mittags geschl. €

(G/H 6) Meride
Antico Grotto Fossati M
Wirt Mario Lupi schwärmt für volkstümliche Gerichte wie Rinderschmorbraten oder Ossobuco mit Polenta und Risotto. Gemütlich im Winter, wenn sich kaum Touristen auf den Monte San Giorgio verirren.
Tel. (091) 646 56 06
im Sommer Mo geschl., im Winter Mo u. Di geschl. €

SZENE

(E 2) Basel
Atlantis
Das Atlantis war schon Jazztempel und Rockpalast und ist jetzt eine der besten Adressen für Konzerte und Clubnights.
Klosterberg 13
Tel. (061) 228 96 96
Clubbing Fr u. Sa ab 23 Uhr

(D 3) Bern
Adriano's Bar & Café
Sehen und gesehen werden machen den Besuch im Berner Adriano unverzichtbar. Leckere Back- und Brotwaren versüßen den Abstecher.
Theaterplatz 2
Tel. (031) 318 88 31
Mo-Sa 7-0.30, So 10-0.30 Uhr

(A/B 5) Genf
L'Usine
Alternatives Kulturzentrum im Herzen der Stadt. Konzerte, Theater, Kino, Bar und Disco.
4, Place des Volontaires
Tel. (022) 781 34 90
versch. Abendveranst., Bar: 18.30-2 Uhr, So u. Mo geschl.

Rohstofflager in Zürich: früher Milch, heute Fun

(B/C 5) Lausanne
Moulin à Danses (MAD)
Auf drei Dancefloors und in vier Bars geht die Post ab. Internationale DJ's und Gäste.
23, Rue de Genève
Tel. (021) 340 69 69
Mi-So ab 23 Uhr bis ca. 5 Uhr

(G 6) Locarno
Caffè Bar Festival
Einer der beliebtesten Treffpunkte im Tessin. Abwechslungsreiches Musik-Angebot. Freitag und Samstag mit DJ oder Live-Musik.
Viale Balli 2, Tel. (091) 752 12 59
tägl. 7.30-1 Uhr, im Winter So geschlossen

(F 3) Luzern
Sunset-Bar
Die größte Openair-Bar Luzerns lockt im Sommer mit herrlichem Ambiente am See. Am Abend rappelvoll.
Seeburgstrasse 61
Tel. (041) 375 55 55
Öffnungszeiten wetterabhängig

(I 5) St. Moritz
Devils Place
Mit über 2500 Whisky-Sorten bietet diese Bar die größte Auswahl der Welt.
Hotel Waldhaus am See
Via Dim Lej 6
Tel. (081) 836 60 00
tägl. 16-0.30 Uhr

(G 2) Zürich
Si o No
Design-Bar. Tapas, Suppen und Salate für den kleinen Hunger. Am Sonntag Brunch.
Ankerstr. 6, Tel. 01-241 03 01
Mo-Fr 9-2, Sa, So 11-2 Uhr

(G 2) Zürich
Rohstofflager
Tanztempel in einem ehemaligen Milchverarbeitungsbetrieb. Internationale DJ's.
Duttweilerstr./ Pfingstweidstr./ Toni-Areal, Tel. (01) 439 90 90
Do ab 22, Fr u. Sa ab 23 Uhr

Käse von der Alm

Bevor der Emmentaler seinen Siegeszug antrat, kam der typische Schweizer Käse von der Alm. Heute sind Almkäse etwas für Insider. Die Jahresproduktion von gut 3000 Tonnen macht nur noch ein Bruchteil der Schweizer Käseproduktion aus. Allein an Emmentaler werden jährlich 35 500 Tonnen hergestellt. Dabei sind Almkäse von teils hervorragender Qualität, etwa jene aus dem Berner Oberland und den Zentralschweizer Almen, die an Sbrinz erinnern, einen Extrahartkäse, der zwei Jahre reifen muss, bis er sein volles Aroma entfaltet. In den alpinen Regionen sind Almkäse (hier: Alpkäse) in den Milch- und Käseläden erhältlich. Im Unterland gibt es sie in Delikatessengeschäften. Im Supermarkt sind sie kaum zu finden.

MERIAN | TIPP

(H 3) Obertoggenburg
Oben ein hochalpines Szenario mit mächtigen Alpengipfeln und einer flachen Piste, in der Mitte schwieriges, steiles Gelände, und unten zieht man seine Spuren durch Obstgärten hinunter nach Grabs. Die „Galferroute“ vom 2076 Meter hohen Gamser Rugg über 1600 Höhenmeter ins St. Galler Rheintal ist bei guten Schneeverhältnissen eine der schönsten und längsten Abfahrten der Voralpen. Sie ist nichts für Anfänger, aber wer einigermaßen sicher auf den Brettern steht, wird keine Probleme haben. Obertoggenburg bietet recht anspruchsvolle Pisten und ist eine kleine, feine Adresse fernab der großen Wintersportgebiete in Graubünden. Hier geht es dafür familiärer zu. Die Gäste stammen vorwiegend aus der Region und dem südbadischen Raum. Das Skigebiet kann von den Orten Wildhaus, Unterwasser und Alt St. Johann erreicht werden. Trotz der vergleichsweise geringen Höhe ist es dank seiner Staulage am Alpennordhang schneesicher.
Toggenburg Tourismus, Wildhaus, Tel. (071) 999 99 11
www.toggenburg.org
50 km Pisten, 1 Funpark, 70 km Loipen, 50 km Winterwanderwege

Auf den Schlitten, fertig, los: Rennen in Alt St. Johann

Pulverschnee und Skivergnügen: ein Schweizer Wintertraum

WINTERSPORTORTE

(D/E 5) **Adelboden-Frutigen-Lenk** (1350-2400 m)
Eines der größten und besten Skireviere im Berner Oberland. Die Arena der Orte Adelboden und Lenk war schon Tummelplatz der Snowboarder, als den Begriff nur Insider kannten.
Adelboden Tourismus
Tel. (033) 673 80 80
www.adelboden.ch
170 km Pisten, 3 Funparks, 15 km Loipen, 3 Rodelbahnen, 142 km Winterwanderwege. Skipass Erw. ca. 35 €, Kin. 21 €

(F 5) **Aletsch** (650-3100 m)
Fünf größere Skigebiete liegen im Gebiet des Aletschgletschers: Fiescheralp, Bettmeralp, Riederalp,Belalp und Rosswald. Alle sind nur per Seilbahn zu erreichen. Die Abfahrten: vorwiegend leicht bis mittelschwer.
Aletsch Tourismus, Breiten, Tel. (027) 928 60 00
www.aletsch.ch
190 km Pisten, 2 Funparks, 12 km Loipen, 49 km Winterwanderwege. Tagesskipass Erw. ca. 33 €, Kinder ca. 16 €.

(H 4) **Alpenarena** (1100-3018 m)
Zusammenhängendes Skigebiete der Orte Flims, Laax und Falera in prächtiger Lage auf einer Sonnenterrasse. Eldorado für Snowboarder. Schneesicher bis ins späte Frühjahr hinein.
Tourismusorganisation Flims, Laax, Falera, Tel. (081) 920 92 00, www.alpenarena.ch
58 Pisten mit 220 km Gesamtlänge, 3 Funparks, 60 km Loipen, 2 Rodelbahnen, 60 km Winterwanderwege. Tagesskipässe Erw. ca. 41 €, Kinder ca. 20 €

(G 4) **Andermatt, Hospental, Realp** (1444-2963 m)
Ein Paradies für Tiefschneefahrer sind die Hänge des Gemsstockes. Fantastisches Gipfelpanorama: Über 600 Spitzen zeigen sich bei schönem Wetter.
Verkehrsbüro Andermatt
Tel. (041) 887 14 54
www.andermatt.ch
74 km Pisten, 1 Funpark, 40 km Loipen, 1 Rodelbahn, 10 km Winterwanderwege. Tagesskipass Erw. ca. 35 €, Kinder ca. 24 €

(G/H 4) **Braunwald** (1300-1905 m)
Ganz dem sanften Tourismus verschrieben hat sich der malerisch gelegene Ort im Glarnerland. Eine Standseilbahn ist die einzige Verbindung zur Außenwelt. Keine Autos. Der Skizirkus hält sich in engen Grenzen.
Braunwald Tourismus
Tel. (055) 653 65 85
www.braunwald.ch
Pistenkilometerfresser haben hier nichts verloren: 32 km Pisten, 1 Kinderfunpark, 2-4 km Loipen, 2 Rodelbahnen. Tagesskipass Erw. ca. 28 €, Kinder 19 €

(C 5/6) **Champéry – Portes du Soleil** (1050-2050 m)
Der Gigant der alpinen Skigebiete an der „Sonnenpforte“ erreicht zwar, was die Gipfelhöhen betrifft, nur Mittelmaß. Dafür kann grenzüberschreitend in der Schweiz und in Frankreich Ski gelaufen werden.
Champéry Tourisme, Tel. (024) 479 20 20, www.champery.ch
650 km Pisten, Funparks, 243 km Loipen. Tagesskipass Erw. ca. 35 €, Kinder ca. 20 €

(D/E 5) **Crans-Montana** (1500-3000 m)
In drei Ebenen gegliedert: Unten leichte Pisten auf sanften Hängen, darüber die Reviere um die Berge Bella Lui, Les Violettes und Petit Bonvin und oben das Gletscherskigebiet der Plaine Morte mit einigen Abfahrten für allerhöchste Ansprüche.
Crans-Montana Ski & Golf
Tel. (027) 485 04 04
www.crans-montana.ch
137 km Pisten, 1 Funpark, 40 km Loipen, 5 Rodelbahnen, 63 km Winterwanderwege. Tagesskipass Erw. ca. 40 €, Kinder 24 €

(I 4) **Davos** (1560-2844 m)
Rund um Davos liegen mehrere Skigebiete. Alle sind mit dem selben Skipass zugänglich. Die schönsten Pisten finden sich am Weissfluhjoch.
Davos Tourismus, Tel. (081) 415 21 21, www.davos.ch
Pistenlänge insgesamt 307 km, 2 Funparks, 75 km Loipen, 4 Rodelbahnen, 115 km Winterwanderwege. Tagesskipass Erw. ca. 42 €, Kinder ca. 14 €

(F 4) **Engelberg**
(1050-3020 m)
Die Hänge des Titlis sind etwas für Könner vor allem im unteren Bereich des Gletschers, wo auch im Sommer Betrieb ist. Anfänger kommen auf den Almen der Brunni zum Zug.
Engelberg-Titlis Tourismus
Tel. (041) 639 77 77
www.engelberg.ch
82 km Pisten, 2 Funparks, 36 km Loipen, 2 Rodelbahnen, Tagesskipass Erw. ca. 35 €, Kinder ca. 21 €

(H 3) **Flumserberge**
(1400-2222 m)
Voralpines Skigebiet hoch über dem Walensee mit herrlichem Blick auf die Churfirsten. Familiäres Ambiente. Viele Schneekanonen.
Touristikverein Flumserberg
Tel. (081) 720 18 18
www.flumserberg.com
65 km Pisten, 1 Funpark, 19 km Loipen, 1 Rodelbahn, 22 km Winterwanderwege. Tagesskipass Erw. ca. 33 €, Kinder ca. 21 €

Spuren im Schnee: Carver im Skigebiet Lenzerheide

(E/F 4/5) **Jungfrauregion**
(1050-3454 m)
Landschaftlich eine der schönsten Skiregionen der Welt. Drei Skigebiete (First, Kleine Scheidegg/ Männlichen und Mürren/ Schilthorn) erschließen die einzigartige Arena mit Eiger, Mönch und Jungfrau als Kulisse. Großartige Abfahrten wie das berühmte Lauberhorn und die 16 km Infernostrecke vom Schilthorn nach Lauterbrunnen.
Grindelwald Tourismus
Tel. (033) 854 12 12
www.jungfrauregion.org
150 km Pisten, 2 Funparks, 15 km Loipen, 6 Rodelbahnen, 80 km Winterwanderwege. Tagesskipass Erw. ca. 37 € Kinder ca. 19 €

(I 4) **Klosters** (1200-2844 m)
Prinz Charles verbringt hier seinen Winterurlaub. Am schönsten: die Parsenn-Abfahrt.
Klosters Tourismus, Tel. (081) 410 20 20, www.klosters.ch
320 km Pisten, 2 Funparks, 35 km Loipen, 3 Rodelbahnen, 30 km Winterwanderwege. Tagesskipass Erw. ca. 41 €, Kinder ca. 14 €

(I 4) **Lenzerheide-Valbella**
(1500-2865 m)
Skigebiet mit allein 12 Beförderungsanlagen speziell für Kinder. Die Könner toben sich am hochalpinen Rothorn aus.
Tourismusverein Lenzerheide-Valbella, Tel. (081) 385 11 20
www.lenzerheide.ch
155 km Pisten, 2 Funparks, 52 km Loipen, 4 Rodelbahnen, 80 km Winterwanderwege. Tagesskipass Erw. ca. 37 €, Kinder ca. 22 €.

(D 5) **Les Diablerets/ Glacier 3000**
(1158-3000 m)
2000 Meter hoch sind die Felswände der Diablerets. Eine moderne Seilbahn überwindet sie. Auf 3000 Meter erwarten eine arktisch anmutende Gletscherwildnis und einige spektakuläre Abfahrten die Besucher.
Glacier 3000, Les Diablerets
Tel. (024) 492 33 77
www.glacier3000.ch
125 km Pisten, 30 km Loipen, 1 Rodelbahn, 30 km Winterwanderwege. Tagesskipass Erw. ca. 35 €, Kinder ca. 23 €

(I/K 5) **Oberengadin**
(1700-3300 m)
56 Abfahrten bieten die Skigebiete im Oberengadin, die von St. Moritz, Pontresina, Samedan, Maloja, La Punt und Celerina ausgehen. Gratisbusse zwischen den Talstationen. Spektakuläre Abfahrten vom Corvatsch und der Diavolezza über den Morteratschgletscher.
Ferienregion Engadin, Pontresina
Tel. (081) 842 65 73
www.engadin.ch
350 km Pisten, 1 Funpark, 170 km Loipen, 1 Rodelbahn, 150 km Winterwanderwege. Skipass ab zwei Tagen für die ganze Region. Erw. ca. 80 €, Kinder ca. 40 €

(H 4) **Obersaxen**
(1300-2300 m)
Vor allem Familien und Gruppen fühlen sich an den Hängen des Piz Mundaun wohl.
Ferienregion Obersaxen-Lumnezia-Mundaun-Ilanz
Tel. (081) 933 22 23
www.obersaxen.ch
120 km Pisten, 1 Funpark, 30 km Loipen, 4 Rodelbahnen, 40 km Winterwanderwege. Tagesskipass Erw. ca. 28 €, Kinder ca. 19 €

(D 6) **Quatre Vallées – Mont Fort** (1500-3330 m)
Bündnis aus sechs Unterwalliser Dörfer und vier Talschaften mit dem Mont Fort als Höhepunkt. Abfahrten in allen Schwierigkeitsgraden und naturbelassene Tiefschneereviere.
Verbier/Bagnes Tourisme, Tel. (027) 775 38 88, www.verbier.ch
410 km Pisten, Snowparks, 100 km Winterwanderwege. Tagesskipass Erw. ca. 38 €, Kinder bis 5 J. frei, ab 6 J. 15-30% Ermäß.

(E 6) **Saas-Fee**
(1800-3600m)
13 Viertausender säumen die Kulisse der Skisportler rund um Saas-Fee. Der autofreie Ort hat eine dynamische Entwicklung hinter sich, konnte aber sein ursprüngliches Äußeres recht gut bewahren.
Saas-Fee Tourismus
Tel. (027) 958 18 58
www.saas-fee.ch
100 km Pisten, 1 Snowpark, 6 km Loipen, 1 Rodelbahn, 52 km Winterwanderwege. Tagesskipass Erw. ca. 42 €, Kinder ca. 23 €

(K 3/4) **Samnaun**
(1840-2872 m)
Das größte Skigebiet der Ostalpen, zu dem auch Ischgl in

MERIAN | TIPP

Die schönsten Wanderungen
Die Schweiz bietet ein dichtes Netz an gut ausgebauten Wanderwegen aller Schwierigkeitsgrade, das mit mehr als 65 000 km den Erdumfang übertrifft. Eine kleine Auswahl:

(F 4) Brienzer Rothorn – Schönbüel
Ein Klassiker ist die rund zweieinhalbstündige Gratwanderung vom Brienzer Rothorn zur Alp Schönbüel. Großartiges alpines Panorama auf einer wenig anspruchsvollen Strecke. Man fährt bequem zum Brienzer Rothorn per Zahnradbahn aus Brienz.

(I 5) Höhenweg Maloja - Soglio
Fünfeinhalbstündige Tour auf gutem Wanderweg entlang eines sonnenbeschienenen Hanges. Start in alpinem Gelände, Ziel in herrlichen Kastanienhainen.

(H/I 3) Lisengrat
Die Überquerung des Lisengrates vom Gipfel des Säntis zum Rotsteinpass erfordert Schwindelfreiheit und Trittsicherheit. Der schmale Grat führt durch hochalpine Felslandschaft und ist mit Seilen gesichert. Vom Rotsteinpass kann man ins Toggenburg absteigen (3 Stunden) oder ins Appenzellerland (5 Stunden).

(G 4) Schächental – Eggbergen – Klausenpass
Panoramaroute mit Höhepunkten aber kaum Höhenunterschieden. Gut sechsstündige Wanderung von Eggbergen ob Flüelen auf der Sonnenseite des Schächentales zum Klausenpass.

MIT KINDERN UNTERWEGS

Watschelparade: Kaiserpinguine auf einem Spaziergang im Zürcher Zoo

Tierisches Vergnügen

Die Schweiz ist ein familienfreundliches Land und hat auch für Kinder in jedem Alter viel zu bieten

Zürcher Zoo Der größte Zoo der Schweiz lockt in einer 17 Hektar großen Anlage mit mehr als 380 europäischen und exotischenTierarten. Zu den Attraktionen gehört u. a. ein originalgetreu rekonstruiertes Stück Regenwald in der eigens dafür errichteten Masoala-Regenwaldhalle.
(G 2) Zürich, Zürichbergstrasse 221, Tel. (01) 254 25 05
www.zoo.ch *März-Okt. 9-18, Nov.-Feb. 9-17 Uhr*
Erw. ca. 14 €, Kinder ca. 7 €

Wildpark Peter und Paul Einheimische Wildtiere, vom Steinbock bis zum Luchs, leben in großzügigen Gehegen im Voralpengebiet.
(H/I 2) St. Gallen, Kirchlistrasse 92, Tel. (071) 244 51 13
www.wildpark-peterundpaul.ch
täglich geöffnet. Eintritt frei

Ballenberg Alpines Freilichtmuseum. Aufgebaut wurden fast 100 originale Bauernhäuser aus allen Landesteilen. Zu bestaunen sind 250 einheimische Haus- und Hoftiere. Vorführungen bäuerlicher Lebensweise.
(F 2) Brienz , Tel. (033) 952 10 30, www.ballenberg.ch
15.4.-31.10. 10-17 Uhr, Erw. ca. 10 €, Kinder ca. 5 €

Technorama Eindrucksvolle Präsentation physikalischer Phänomene. Interaktiv und sehr unterhaltsam, ideal ab 10 Jahren. An Wochenenden überlaufen.
(G 2) Winterthur, Technoramastrasse 1
Tel. (052) 244 08 44, www.technorama.ch
Di-So 10-17 Uhr, Erw. ca. 14 €, Kinder bis 15 J. ca. 7 €

Österreich zählt. Viel Betrieb auch neben der Piste: zollfreier Einkauf!
Samnaun Tourismus, Tel. (081) 868 58 58, www.samnaun.ch
200 km Pisten, 2 Funparks, 10 km Loipen, 2 Rodelbahnen, 40 km Winterwanderwege. Tagesskipass Erw. ca. 39 €, Kinder ca. 22 €

(E 6) Zermatt (1800-3300 m)
In allen drei Zermatter Skigebieten gibt es schwarze Abfahrten und Buckelpisten. Doch auch Genussfahrer und Anfänger kommen auf ihre Kosten, vor allem im Rothorn-Gebiet.
Tourismusbüro Zermatt
Tel. (027) 966 81 00
www.zermatt.ch
194 km Pisten, mehrere Funparks, 9 km Loipen, Winterwanderwege. Tagesskipass Erw. ca. 42 €, Kinder ca. 20 €

RADFAHREN

Veloland Schweiz: Ein Netz markierter Radwege mit neun großen Routen durchzieht das Land. Die Rhône-Route geht durchs Wallis, die Nord-Süd-Route führt durch die großen Schweizer Landschaftsräume Jura und Mittelland über die Alpen ins Tessin. Für jede Route ist ein Führer erhältlich.
Tel. (031) 307 47 40
www.veloland.ch
Führer pro Band ca. 18 €

SEGELN UND SURFEN

Größtes Revier für Segler ist der Genfer See. Am Bodensee herrschen eher leichte Winde. Die malerischste Kulisse bieten die Seen im Tessin. Surfer gehen gern auf die Engadiner Seen und den Vierwaldstätter See. Equipment, Segel- und Surfkurse überall.

KITE-SURFEN

Der Silvaplaner See ist Zentrum der Kite-Surfer.
(I 5) Silvaplana, Swiss Kitesurfing Schule, Sportzentrum
Tel. (081) 828 97 67
www.kitesailing.ch
3-Tageskurs inkl. Hotel ca. 600 €

PADDELN UND KAJAK

Die Flüsse Doubs, Birs und Muota sind die schönsten Reviere für Paddler und Kanu-

Radelnd die Schweiz erkunden mit den Churfirsten als Kulisse

fahrer. Aare und Reuss sind im Unterlauf meistens gut und gefahrlos befahrbar (gilt auch für den Rhein). Wildwasserfahrer gehen auf Inn, Broye, Venoge, Ticino und Moesa.

RAFTING

Auf den meisten Bergflüssen möglich. Besonders spektakulär: Fahrten auf dem Hinterrhein und Inn im Engadin. Angebote gibt es auch auf Rhein, Simme, Saane und Lütschine.
(H 4) Flims, Swissraft
Tel. (081) 911 52 50
www.swissraft.ch

CANYONING

Die vierstündige Tour im Neoprenanzug durch einen Canyon nahe Gstaad ist auch für Kinder ab 12 Jahren geeignet.
(D 5) Gstaad, Alpinzentrum Gstaad, Wyssmüllerei
Tel. (033) 748 41 61
www.alpinzentrum.ch
Ab 4 Pers., tägl. auf Anfrage, Erw. ca. 86 €

KLETTERN

Überall in der Schweiz gibt es Klettergärten und -hallen. Im alpinen Gelände lernt man das Kraxeln in Bergsportschulen. Sie vermitteln auch Bergführer, die sich vor allem für hochalpine Touren empfehlen.

Weitere Infos beim Schweizer Alpenclub SAC, Bern
Tel. (031) 370 18 18
www.alpenonline.ch
Verbände der Bergsportschulen und der Bergführer unter
www.4000plus.ch

Bergtouren bis aufs Matterhorn, Klettern, Skitouren, Trekking mit patentierten Bergführern.
(E 5) Ausserberg, Alpinschule

Ausserberg, Tel. (027) 923 09 03
www.alpinschule.ch
Hochtourenwoche mit Bergführer in kleiner Gruppe um 800 €

BUNGEE-JUMPING

Ein Sprung aus der Gondel der Titlisbahn vor beeindruckender alpiner Kulisse.
(F 4) Engelberg, Adventure Engelberg, beim Tourist Center
Tel. (041) 639 54 50
www.adventure-engelberg.ch
Sa u. So, Sa ca. 103 €, So 97 €

REITEN

Gutes Netz von Reitwegen. Die schönste Region sind die Freiberge im Kanton Jura.
(D 2) Pleigne, Reiterhof, Moulin de Bavelier, Tel. (032) 431 17 04
www.reiterhofjura.ch

GLEITSCHIRM

Beliebte Gebiete sind Alpstein, Bündnerland und Tessin.
An vielen Orten Gästeflüge.
(I 4) Klosters, Flugcenter Grischa, Murastrasse 16
Tel. (081) 422 20 70
www.fs-grischa.ch
Gästeflug ca. 107 €, 15-20 Min.

THERMEN

Tamina Therme

Mit 36,5 Grad sprudelt das Wasser aus dem Fels der 4 km entfernten Taminaschlucht und gelangt über eine Pipeline ins Thermalbad.
(I 3/4) Bad Ragaz, Tel. (081) 303 27 41, www.resortragaz.ch
Eintritt Erw. ca. 12 €, Kinder ca. 8 €, kein Zutritt für Kinder unter 3 Jahren

Heiße Therme, kalte Luft: Badespaß im Unterengadin

Lindner Alpentherme

Große Thermal- und Wellnessanlage mit Freiluftbad.
(E 5) Leukerbad
Tel. (027) 472 10 10
www.lindnerhotels.ch *Tageskarte Erw. ca. 23 €, Kinder 18 €*

Bogn Engiadina Scuol

Großes Erlebnis- und Gesundheitsbad mit Saunalandschaft und römischem Bad.
(K 4) Scuol, Stradun, Tel. (081) 861 20 00, www.scuol.ch
Eintritt Erw. 17 €, Kinder 12 € inklusive Sauna

Felsentherme

Peter Zumthor hat aus der Therme eine alpine Kathedrale des Wasser gemacht. Es scheint, man tauche nicht ins Wasser, sondern in den Berg.
(H 4) Vals, Tel. (081) 926 89 61
www.therme-vals.ch
Erw. ca. 19 €, Kinder 12 €

MERIAN | TIPP

Gemüsemarkt
Zweimal in der Woche verwandeln sich die Promenaden am Ufer der Reuss um die weltberühmte Luzerner Kapellbrücke in einen der größten Marktplätze der Schweiz. Zwar bieten die meisten Stände Produkte aus dem Großhandel an, wie sie auch der Supermarkt um die Ecke im Angebot hat. Dennoch lohnt sich der Gang über den Gemüsemarkt, erstens wegen der besonderen Atmosphäre, und wer sich ein wenig gründlicher umsieht, entdeckt Landwirte, Bäcker, Käser und Metzger, die köstliche Spezialitäten aus der Innerschweiz feilbieten.
(F 3) Luzern *Di und Sa 8-13 Uhr*

Bauernmarkt
Reichhaltiges Lebensmittelangebot von Bauern aus der Region. Händler haben auf diesem Markt nichts verloren.
(H 2) St. Gallen Marktplatz
Fr 8.15-13 Uhr

Öffnungszeiten

Der Trend zu längeren Öffnungszeiten hat auch die Schweiz erfasst, wo die Kantone darüber entscheiden. Übliche Zeiten: 9 bis 18.30, samstags bis 17 Uhr. In Städten öffnen die Geschäfte an einem Wochentag oft bis 21 Uhr.

SPEZIALITÄTEN

(E 2) Basel
Läckerli-Huus
Das Traditionshaus für Basler Leckerli – eine Art Lebkuchen.
Gerbergasse 57
Tel. (061) 264 23 23
Mo-Fr 8-18.30, Do bis 21 Uhr
Sa bis 17 Uhr

(D 3) Bern
Teo Jakob AG
Beste Adresse für Designer- und Büromöbel.
Gerechtigkeitsgasse 25
Tel. (031) 327 57 00
Di, Mi, Fr 9.30-18.30, Do bis 20, Sa bis 16 Uhr

(D 6) Fully
Abricool
Erlesene, vielfach ausgezeichnete Brände. Diverse mit handgemalten Etiketten.
56, Les Grands-Barre
Tel. (027) 744 24 56
Di-Do 8-12, 13.30-17.30, Fr bis 18.30, Sa 9-12, 13.30-17 Uhr

(A/B 5) Genf
Davidoff
Die größte Konkurrenz zu kubanischen Zigarren sind die Davidoffs aus der Dominikanischen Republik. Das Stammgeschäft steht in Genf.
35 Quadratmeter misst der begehbare Humidor.
2, Rue de Rive
Tel. (022) 310 90 41
Mo-Mi Fr 9-18.30, Do 9-19.30
Sa 9-18 Uhr

(B/C 5) Lausanne
Boutique Rouge de Honte
Sehr schick: Bei Emanuelle Diebold werden die Kunden an der Bar beraten. Im Angebot: junge Modelabels wie Paul Smith und Dries Van Noten.
5, Rue de Caroline
Tel. (021) 312 85 15
Di-Fr 10.30-18.30, Mo ab 13.30, Sa 10.30-17 Uhr

(F 3) Luzern
Bucherer
Das riesige Uhrengeschäft bietet einen umfassenden Einblick in die Welt der Schweizer Uhren.
Schwanenplatz 5
Tel. (041) 369 77 00
Mo-Sa 8.30-19.30, Do bis 21
So 10-12 Uhr

(I 4) Parpan
Fleischtrocknerei
Luftgetrocknetes Bündner Fleisch, außerdem Coppa (Schinken) und Hirschsalsiz, eine Spezialität aus Hirschfleisch. Im Sommer: Besichtigungen der Fleischtrocknerei für Gruppen.
Jörg Brügger & Co.
Tel. (081) 382 11 36
Mo-Fr 8-12, 14-18, Sa 8-12 Uhr
www.bruegger-parpan.ch

(I 2) Rorschach
Kündig Chäslaube
Große Auswahl an erstklassigem Käse aus der Schweiz, Frankreich und Italien, insgesamt mehr als 300 Sorten.
Es darf gekostet werden.
Ankerstrasse 10
Tel. (071) 841 17 75
Mo 9-18.30, Di-Do 8-18.30 Uhr
Sa 7.30-16 Uhr, Fr 8-20 Uhr

(G 2) Zürich
Boutique zum Paradiesvogel
Im Eingang Baum- und Blumenladen, dahinter Trendmode von Accessoires bis zu Schuhen. Witziger Shop im Shop.
Limmatquai 110
Tel. (01) 260 50 40
Mo, Di 9.30-18.30, Mi, Fr 10-19
Do bis 20, Sa 9.30-17 Uhr

Confiserie Sprüngli
Seit 1836 produziert der Familienbetrieb edles Naschwerk in allen Geschmacksrichtungen.
17 Filialen in der Schweiz.
Gute Café-Bar.
Bahnhofstrasse 21
Tel. (01) 224 46 46
Mo-Fr 7.30-19, Sa 8-17 Uhr

Für Naschkatzen ein Muss: Traditionsconfiserie Sprüngli in Zürich

(D/E 5) Sierre
Château de Villa
Guter Querschnitt der Kreszenzen aus der Walliser Weinlandschaft in der Önothek des alten Schlosses.
Tel. (027) 456 24 29
tägl. 10.30-13 und 16.30-20.30 Uhr

(I 5) St. Moritz
Kaffeehaus Hanselmann
Traditionsbetrieb mit großem Angebot an Süßem. Berühmt: die Engadiner Nusstorte.
Via Maistra 8
Tel. (081) 833 38 64
tägl. 7.30-19 Uhr

(E 6) Zermatt
Antiquitäten Glacier
Größter Antiquitäten-Laden des Wallis auf 600 Quadratmetern. Allerlei Trödel, aber auch Kostbarkeiten wie alte Arbeitsgeräte aus der Berglandwirtschaft.
Haus Riva, Matterstrasse 59
Tel. (027) 967 35 64
tägl. 9-11 und 14.30-19 Uhr

Buchhandlung Calligramme
Mit Autorenfotos, Büchern und Artikeln zugepflastert. Kompetente Beratung.
Häringstrasse 4
Tel. (01) 252 95 83
Di-Fr 10-18.30, Sa 10-16 Uhr

Fabric Frontline
Ballen feinster Seide schillern in allen Farben im Seidensalon. Tücher und Krawatten locken die Kunden, zu denen aus der Haute-Couture auch Celia Bartoli und Schneider gehören.
Ankerstrasse 118
Hinterhof und in der Passage am Paradeplatz
Tel. (01) 241 64 55
Mo-Fr 10-18.30, Sa 10-17 Uhr

Schweizer Heimatwerk
Made in Switzerland: Kunsthandwerk zentral vermarktet.
11 Filialen in der Schweiz.
Rudolf-Brun-Brücke
Tel. (01) 217 83 00
Mo-Fr 9-20, Sa 8.30-17 Uhr

RÜCKBLICK

Schweizer Neutralität

Ein Mythos, der zum Selbstverständnis gehört

Als Geburtsstunde ihrer außenpolitischen Neutralität gilt vielen Schweizern das Jahr 1515, als nach einer verheerenden militärischen Niederlage gegen die Franzosen eine kurze Phase eidgenössischer Großmachtpolitik abrupt endete. Ein Mythos. Denn faktisch war der kleine Staatenbund seitdem auf Gedeih und Verderb militärisch von Frankreich abhängig und verpflichtete sich gegenüber dem Nachbarn zu Söldnerdiensten.

Ein Salut für die Schweiz bei den 700-Jahr-Feiern im Juli 1991

Noch 1777 wurde ein Bündnisvertrag mit Frankreich geschlossen – mit Neutralität hatte das nichts zu tun. Die Garantieerklärung der Großmächte an die Schweiz auf dem Wiener Kongress 1815 bedeutete eigentlich nichts anderes als deren Beitritt zur „Heiligen Allianz" fast aller europäischen Nationen – auch das eine klare Verletzung des Neutralitätsgebots. In der ersten Schweizer Bundesverfassung von 1848 findet sich zwar ein Passus über „Unabhängigkeit und Neutralität", doch mit Leben erfüllt wurde dieser erst 30 Jahre später, als die Schweiz ein eigenes Heer aufbaute – als Reaktion auf diverse Einmischungsversuche der großen Nachbarn Deutschland und Frankreich. Neutralität und Armee wurden in jener Zeit primär als Abwehrinstrumente verstanden.

Den Ersten Weltkrieg überstand die Schweiz unbeschadet. Ihre Neutralität spielte dabei allerdings keine entscheidende Rolle. Eher waren es militärtaktische Überlegungen Frankreichs und Deutschlands, die keine Notwendigkeit sahen, die Schweiz zu besetzen, wo sich entlang der Sprachgrenze die Sympathien verteilt hatten.

In den 1920er Jahren spielte die Schweiz auf dem außenpolitischen Parkett des Völkerbundes eine aktive Rolle und beteiligte sich auch an dessen Wirtschaftssanktionen. Im Zweiten Weltkrieg konnte die Unabhängigkeit nur mit erheblichen wirtschaftlichen Zugeständnissen an das Dritte Reich – eine klare Verletzung des Neutralitätsgebotes – bewahrt werden.

Es war auch diese Erfahrung, die nach dem Krieg zur „integralen Neutralität" führte: Die Schweiz gab ihre Außenpolitik praktisch auf und beschränkte sich darauf, Außenwirtschaftspolitik zu betreiben. Diese Doktrin des „Stillsitzens", die ihren Ursprung in der Tradition der alten Eidgenossenschaft hat, galt bis weit in die 1990er-Jahre. Erst seit wenigen Jahren hat die Schweiz im Rahmen der UNO außenpolitisch wieder eine aktivere Rolle eingenommen. Mit dem UNO-Beitritt 2002 wurde dieses neue Selbstverständnis offenkundig. Von ihrer vielgepriesenen Neutralität will die Schweiz dennoch nicht abrücken.

450-58 v. Chr. Besiedlung durch die Helvetier und Räter.
58 v. Chr. Die Helvetier wollen nach Südfrankreich auswandern, werden aber bei Bibracte von Cäsar geschlagen und müssen umkehren.
44 v. Chr.-401 n. Chr. Römische Herrschaft in der Schweiz.
Um 500 Ostgoten (Rätien), Burgunder (Westschweiz) und Alemannen (ab 500 Mittelland) besiedeln die Schweiz.
537 Das heutige Schweizer Gebiet gehört zum Frankenreich.
1291 Mit dem Bund der drei Waldstätte Uri, Schwyz und Unterwalden gegen Habsburg entsteht die Eidgenossenschaft.
1307 Der Sage nach Rütlischwur, Apfelschuss und Tyrannenmord durch Wilhelm Tell.

Dem Freiheitshelden ein Denkmal: Wilhelm Tell in Bürglen

1474-1477 Burgunderkriege. Die Eidgenossen besiegen in drei Schlachten Herzog Karl den Kühnen und werden zur europäischen Großmacht.
1529-1531 Die Kappelerkriege enden mit einem Sieg der Katholiken. Der Reformator Zwingli fällt im zweiten Krieg.
1536 Reformation in Genf durch Johannes Calvin.
1648 Die Schweiz erlangt im Westfälischen Frieden die Unabhängigkeit vom Reich.
1798 Die Franzosen besetzen die Schweiz, Gründung der Helvetischen Republik.
1803 Die Mediationsverfassung gibt den Kantonen die bedingte Eigenständigkeit zurück.
1815 Neue Kantone Wallis (Valais), Neuchâtel (Neuenburg) und Genf (Genève).
1830 Erste liberale Kantonsverfassungen.
1847 Politische und konfessionelle Gegensätze führen zum Sonderbundkrieg. Die Liberalen und Reformierten gewinnen.
1848 Die neue Bundesverfassung bringt den modernen Bundesstaat. Die Schweiz wird zur liberalen Insel in einem konservativen Europa.
1874 Totalrevision der Verfassung, die u. a. die Volksabstimmung einführt.
1918 Generalstreik, von der Armee blutig niedergeschlagen. Hauptforderungen: Altersversicherung, 48-Stunden-Woche und Frauenstimmrecht.
1920 Beitritt zum Völkerbund, der seinen Sitz in Genf hat.
1959 Einführung der „Zauberformel", nach der die sieben Sitze im Bundesrat auf die vier großen Parteien verteilt werden.
1971 Einführung des Frauenstimmrechts auf Bundesebene.
1972 Erstes Freihandelsabkommen mit der Europäischen Wirtschaftsgemeinschaft.
1992 Ablehnung des Beitritts zum Europäischen Wirtschaftsraum (EWR).
2001 Ablehnung einer Volksinitiative zum EU-Beitritt.

2, Rue Basse, Tel. (032) 461 35 31, Fax 461 37 87
www.demi-lune.ch €€€

ITALIENISCHE SCHWEIZ

(G 5/6) Aurigeno
Villa d'Epoca M
Im Maggiatal, 10 Kilometer von Locarno entfernt, führt Charlotte Verbeek die im 19. Jahrhundert gebaute Jugendstilvilla. Zimmer mit Dusche und zum Teil Badewanne mit Whirlpool.
Ai Ronchini 6677
Tel. (091) 756 50 00
Fax 756 50 01
www.villaepoca.ch

(G/H 6) Gudo-Sementina
Fattoria L'Amorosa M
Sieben rustikal eingerichtete Gästezimmer und zwei Suiten mit Marmorfelsenbad erwarten die Gäste dieses Winzergutes in den Hügeln. Gute Küche: Wein, Galloway-Rindfleisch und Olivenöl stammen aus eigener Produktion.
Tel. (091) 840 29 50
Fax 840 29 51
www.delea.ch €€€

(G/H 6) Lugano
Villa Principe Leopoldo M M
Das ehemalige Sommerpalais des Hohenzollernprinzen Leopold auf der Collina d'Oro hat kühle Marmorsalons, lauschige Gärten und mit Blumen geschmückte Terrassen. Von den luxuriösen Suiten Blick auf die Luganer Bucht.
Via Montalbano 5
Tel. (091) 985 88 55
Fax 985 88 25
www.leopoldohotel.com
€€€€

(G/H 6) Sementina
Cereda M
Hinter dem sienaroten Fassaden des Albergo erstreckt sich ein Garten mit Platanen und einem Swimmingpool. Das Cereda strahlt familiäre Atmosphäre aus, hat 20 Zimmer und einen sehr zuvorkommenden Service.
Via Locarno 10
Tel. (091) 851 80 80
Fax 851 80 70
www.hotelcereda.ch €€€

(H 6) Paudo Val Morobbia
Paudo M
Restaurierter Bauernhof der Familie Rigamonti für Ruhebedürftige. Vier mit antiken Möbeln eingerichtete Zimmer, Blick auf die Bergwelt und den Lago Maggiore.
Tel./Fax (091) 857 14 68
grotto.paudese@bluewin.ch €

(G 6) Intragna
Hotel Ristorante Stazione da „Agnese" M
Zwar direkt an der Haltestelle der Centovalli-Bahn, doch „Bahnhofshotel" ist schlicht Understatement. Bei Agnese Broggini nächtigt und speist man hervorragend, und der Stil des Hauses ist sehr persönlich.
Tel. (091) 796 12 12
Fax 796 31 33
1. Dezember bis Ende Februar geschlossen €€€

MERIAN | TIPP

Villa Cassel M
Die Villa wurde um 1900 als Sommerresidenz des britischen Bankiers Ernest Cassel gebaut und nach seinem Tod als Hotel geführt. Seit 1973 ist sie im Besitz der Organisation Pro Natura. Das Haus verfügt über 60 Betten in bescheidenen, stilecht möblierten Zimmern aus der Gründerzeit und ist ein ideales Tor zur Jungfrau-Aletsch-Bietschhorn-Region.
(E/F 5) Riederalp
Tel. (027) 928 62 20
www.Pronatura.ch/aletsch
Mitte Juni bis Mitte Oktober geöffnet €€

Bed & Breakfast

In der Schweiz sehr lohnenswert! Der Guide „Bed and Breakfast Switzerland" kostet 20 sfr. Im Internet: **www.bnb.ch**

Mächtig verehrt: Kyaiktiyo, der Goldene Fels, ist eine der bedeutenden Pilgerstätten

Magische Relikte einer Weltstadt: die Tempel Bagans

Glück im Glauben: Auch Mädchen folgen dem Buddha

Seetüchtig: In Inle rudern die Fischer mit den Beinen

Zuletzt erschienen:

November 2003

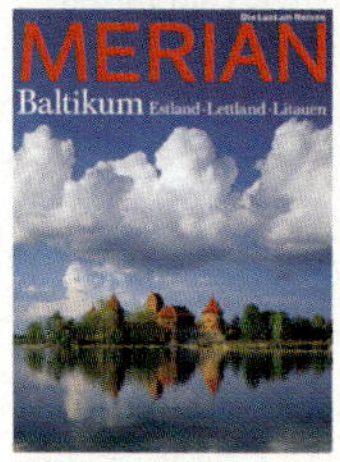

Oktober 2003

September 2003

August 2003

Juli 2003

Juni 2003

Burma • Myanmar

Aus dem Inhalt dieses Heftes:

- Rangun: Kolonialer Charme und neue Töne
- Aung San Suu Kyi: Allein gegen die Junta
- Geisterglaube: Die wilde Seite eines sanften Volkes
- Natur pur: Eine Expedition in die Wälder des Nordens
- Drogen: Das Imperium im Dschungel
- Alte Meister: Burmas großartige Handwerkstradition

MERIAN Schweiz erscheint am 20. November. Freuen Sie sich auch auf die nächsten MERIAN-Ausgaben: Tirol, Französische Atlantikküste, Leipzig